# A INICIAÇÃO DOS 4 NADOS

**Dados Internacionais de Catalogação na Publicação (CIP)**
**(Câmara Brasileira do Livro, SP, Brasil)**

Mansoldo, Antonio Carlos
A iniciação dos 4 nados / Antonio Carlos Mansoldo. — São Paulo: Ícone, 1996.

ISBN 85-274-0406-0

1. Natação 2. Natação para crianças I. Título.

96-1714 CDD-797.2107

**Índices para catálogo sistemático:**

1. Natação: Aprendizagem: Esporte 797.2107
2. Quatro nados: Iniciação: Esporte 797.2107

**ANTONIO CARLOS MANSOLDO**

# A INICIAÇÃO DOS 4 NADOS

Ícone editora

*Série Natação em Academias*

**Apoio SEEAATESP**
*Sindicato dos Estabelecimentos de Esportes aquáticos, aéreos e terrestres do Estado de São Paulo*

**Coordenador**
Prof. Gilberto José Bertevello

**Colaborador**
Prof. Paulo Henrique Bonacella

**Diagramação**
Rosicler Freitas Teodoro

**Ilustrações**
Rodrigo Willian Ribeiro Teixeira

**Revisão**
Vilma Maria da Silva


**ÍCONE EDITORA LTDA.**
Rua das Palmeiras, 213 — Sta. Cecília
CEP 01226-010 — São Paulo — SP
Tels. (011)826-7074/826-9510

# Índice

# Apresentação

Conheço o Prof. Antônio Carlos Mansoldo há tempo suficiente para poder atestar sua competência e profissionalismo.

Desde cedo dedicou-se ao ensino da prática da natação na Academia Trampolim.

A determinação e a certeza na condução das suas aulas fizeram com que logo se destaca-se dos demais profissionais, tornando-se o braço direito dos proprietários, que o nomearam coordenador da Academia. Com trabalho reconhecido, o prof. Mansoldo trilhou caminhos diferentes dos seus colegas de profissão. Enquanto a maioria se acomoda na função de coordenador, o prof. Mansoldo, ainda fiel à sua convicção empresarial, torna-se sócio no novo empreendimento de seus patrões e surge como um dos proprietários da Maresias.

Ambas as empresas no bairro de Perdizes na capital de São Paulo, já era motivo suficiente para se sentir orgulhoso e realizado. Mas não o prof. Mansoldo. Em busca de uma realização pessoal, presta concurso na Universidade de São Paulo e ocupa uma vaga de professor na cadeira de natação, sua especialidade e razão de ser profissional.

Uma carreira brilhante, digna de poucos e de competência incontestável.

O prof. Mansoldo é um exemplo de sucesso que vem a ser coroado com a publicação da *Iniciação aos 4 Estilos*, livro que incorpora a coleção *Natação em Academias*, e que, tenho certeza, é apenas o primeiro capítulo de mais uma história de brilhantismo numa trilha de sucessos.

***Prof. Gilberto José Bertevello***

# Agradecimentos

*Dedico esta humilde obra aos meus pais, que sempre me apoiaram e acreditaram em mim, privando-se muitas vezes de um conforto maior para custear meus estudos.*

*Dedico também esta obra a minha esposa Mary, que pacientemente me acalmou nos momentos de ansiedade.*

*Por fim, meus agradecimentos a todos que de uma maneira direta ou indireta colaboraram na realização desta.*

# Introdução

A natação é uma atividade física que cativa e apaixona praticamente todos aqueles que a experimentam porque, através dela, o praticante adquire diversos benefícios que o ajudam a ter uma melhor qualidade de vida, coisa que a cada dia que passa vai se tornando mais difícil no mundo em que vivemos.

Entre os diversos efeitos positivos que a atividade regular da natação traz para um praticante, podemos destacar o aumento da capacidade respiratória, com conseqüente aumento da sua resistência (fôlego), prevenindo e atuando em problemas de asma e bronquite; uma maior eficiência na correção e manutenção da postura, visto que na posição horizontal nossa coluna está praticamente isenta da ação da gravidade; e um maior condicionamento físico e autoconfiança, em que o praticante da natação vai adquirindo maior resistência, força e agilidade, além de sentir-se pronto para qualquer eventualidade em piscinas, rios, lagos ou mesmo no mar.

Também ocorre um maior desenvolvimento motor, pois o praticante passa também a ter um maior e melhor domínio sobre todo o seu corpo, acarretando assim maior fluência em todos os seus movimentos; além de uma melhor integração entre crescimento e desenvolvimento em crianças, pois a natação processa, em seu conteúdo, um aumento e aprimoramento do acervo motor, e um desenvolvimento físico e fisiológico de maneira integrada, sem o comprometimento da constituição física ou organismo do aluno.

Todas essas constatações só ajudam a consolidar a natação como um dos esportes mais procurados, principalmente por crianças e jovens. Ocorre, entretanto, que essa grande popularidade não significa ausência de dúvidas quanto ao domínio no meio líquido e à pedagogia dos quatro nados, mesmo entre aquelas pessoas ligadas diretamente à natação. Existe, onde quer que haja aulas de natação, muitas questões ainda não respondidas sobre a iniciação dos quatro nados, ou pelo menos mal respondidas. Vamos aqui tentar relatar as principais.

Para melhor esclarecer aos nossos alunos, pais e acadêmicos sobre como ocorrem e quais as diversas implicações na aprendizagem dos quatro nados, procuraremos ser objetivos, respondendo diretamente às questões relacionadas ao assunto.

# Capítulo 1

# Questões didático-pedagógicas

### COM QUAL IDADE A CRIANÇA IRÁ APRENDER A NADAR, NÃO CORRENDO MAIS O RISCO DE SE AFOGAR?

**R**. *As duas conquistas estão muito relacionadas, mas não há necessidade de se saber nadar para não se afogar.*

O mais correto seria considerarmos a segunda condição como requisito para a primeira, ou seja, para aprendizagem de um determinado nado é necessário que o aprendiz (no caso a criança), já se auto-sustente na água, condição conquistada na conclusão da etapa de adaptação ao meio líquido e que precede a aprendizagem propriamente dita de um nado.

Estar adaptado ou se auto-sustentar na água significa essencialmente permanecer na superfície da água independentemente da densidade corporal, sem nenhum auxílio externo de pessoa ou equipamento; possuir controle respiratório suficiente para saber prender a respiração (apnéia) e soltar o ar na água pela boca e pelo nariz; e manter os olhos abertos com ou sem os óculos de natação.

Como se vê, é muito mais do que simplesmente boiar (flutuar) e, em muitos casos, segundo a metodologia empregada nessa etapa, a criança deve, além disso, dominar o nado natural humano, conhecido como "cachorrinho"[1] ou nado de sobrevivência.

Portanto, caso esse modelo de organização fosse levado à risca, toda criança, antes de aprender um dos quatro nados competitivos, já deveria ser auto-suficiente em termos de sobrevivência na água. Infelizmente, entretanto, nem sempre isso acontece.

Quanto à idade ideal para o aprendizagem da natação, SANDINO[2] afirma que o crawl somente poderá ser ensinado para crianças com mais de 4 anos. Para CLOUD[3] a aprendizagem mais eficiente estaria voltada para as faixas de 5 e 6 anos.

Em apoio a essas conclusões, SINGER[4] deixa claro que as crianças com menos de 6 anos de idade têm uma capacidade de aprendizagem de habilidades complexas bastante reduzida, fato que deve ser compensado pela adaptação de movimentos rudimentares globais, visando desenvolver, a princípio, uma coordenação motora integral que ajuda no desenvolvimento da criança. Ainda neste assunto, observamos a citação de JOHNSON, P.K.[5]: "É uma tolice tentar ensinar habilidades complexas para bebês ou crianças de pouca idade".

Segundo WILKIE[6], "não há uma ordem restrita de quando aprender a nadar, porém um nadador regular deve

---

[1] *Nado "cachorrinho" é o nome popular do nado natural humano, que consiste numa movimentação alternada e submersa de braços e pernas, em decúbito ventral e cabeça fora d'água, similar ao engatinhar na água.*

[2] *SANDINO, Alejandro - "Natacion Deportiva".*

[3] *CLOUD, Lee - "Teaching Method".*

[4] *SINGER, Robert N. "Motor Learning and Human Performance".*

[5] JOHNSON, P.K. - *El Programa Acuatico y su Administracion.*

[6] WILKE, Kurt - "*Natação para Principiantes*".

ser capaz de nadar "cachorrinho", bater as pernas de costas, flutuar e fazer alguns exercícios de confiança na água, como remadas, a partir dos 5 anos".

Diante de tais declarações, somadas aos dados da pesquisa realizada a título de dissertação de mestrado por este autor em 1986, podemos argumentar que a aprendizagem de natação até os quatro anos de idade é bastante limitada, ocorrendo na maioria dos casos apenas a adaptação ao meio líquido e iniciação rudimentar de certos movimentos do nado.

A partir dos 5 anos de idade, segundo esse estudo, a criança terá, então, condições de iniciar a aprendizagem, já com maior capacidade de assimilação e execução dos movimentos básicos do nado, os quais deverão ser ensinados sempre de maneira adaptada à capacidade das faixas etárias subseqüentes.

## QUANTO TEMPO LEVARÁ A APRENDIZAGEM?

**R.** *Baseando-nos ainda nas conclusões do trabalho de MANSOLDO[7], crianças de 3 para 4 anos de idade aprendem a flutuar e bater as pernas alternada e rapidamente, em torno de dois meses de aula, desde que já estejam adaptadas ao meio líquido. Ao introduzirmos, porém, o movimento das braçadas (mesmo com o auxílio da prancha), observamos que o rendimento cai muito, com tendência ao estacionamento até a idade de 5 - 6 anos.*

Em relação ao aprendizado total do nado crawl, dentro dos critérios utilizados no estudo[8], ou seja, percurso de

---

(7) MANSOLDO, A.C. - Tese de Mestrado, "Estudo da Eficiência da Aprendizagem em Crianças de 3 a 8 anos de idade".

(8) Em média um mês de aula totaliza 8 aulas, considerando-se 2 aulas por semana.

7m, após 6 semanas de trabalho, dos 34 alunos observados apenas 14 conseguiram completar a distância e todos com idade superior a 5 anos. Crianças com idade entre 5 e 8 anos conseguem aprender a nadar o crawl rudimentar em um período de três meses letivos com 2 aulas por semana, desde que também já estejam adaptadas ao meio líquido.

## QUAL O PRIMEIRO NADO A SER ENSINADO?

**R.** *Quanto a essa resposta, temos que considerar a princípio dois fatores: o grau de dificuldade que a movimentação conjunta oferece ao aluno e, acima de tudo, a faixa etária a ser trabalhada, que em nosso caso é a partir de 5 anos de idade.*

Consideradas essas variáveis, poderemos sugerir que o primeiro nado a ser ensinado seja o CRAWL[9], pois sua movimentação é bastante similar ao caminhar ou ao correr humano, onde se analisarmos o corpo do corredor na posição deitado, as passadas seriam os batimentos de pernas e o balanço dos braços, imaginando-os estendidos e em movimentos de circunduções alternadas, seriam as braçadas propriamente ditas.

A coordenação geral seria obviamente a do caminhar ou correr deitados na água, traduzindo-se no nadar ou "rastejar" (que, aliás, é a tradução da palavra crawl).

Existe o contra-argumento de que, no caminhar ou correr as pernas desempenham uma função locomotora e os braços função equilibradora; invertendo-se na água, no nado

[9] Nado Crawl, nado em que o corpo fica estendido na horizontal com batimentos de pernas p/cima e p/baixo juntamente com circundução alternada de braços e rotação da cabeça para respiração.

CRAWL, com os braços desenvolvendo o trabalho locomotor e as pernas propiciando o equilíbrio. Ainda assim, ao que tudo indica, o fator movimentação alternada de braços e pernas, análoga ao caminhar e em oposição à simultaneidade do PEITO e BORBOLETA, se impõe decididamente à referida inversão. Evidentemente, além disso, esses dois nados têm contra si o fato de serem atualmente bastante apurados tecnicamente, o que desaconselha iniciar-se a aprendizagem por eles.

Quanto ao nado COSTAS, seus defensores como primeiro nado a ser ensinado utilizam a idéia de que nele a respiração técnica praticamente inexiste, estando o rosto fora d'água o tempo todo, o que está correto. Ocorre entretanto que a posição em decúbito dorsal (de barriga para cima) mostra-se na prática muito mais difícil de ser dominada do que a posição em decúbito ventral (de barriga para baixo), seja estaticamente, seja acompanhada de trabalho de braços e pernas.

Além disso, o nado COSTAS é um nado praticamente cego, em que o praticante só teria o referencial das bandeirolas de virada, o que nem sempre existe em piscinas de aprendizagem ou podem ser utilizadas, devido ao sentido de utilização da piscina. Também as raias, que poderiam ser utilizadas para orientação do aluno, de pouco valem, pois na grande maioria dos casos o aluno na fase de aprendizado realiza o COSTAS olhando bem para cima, com rumo ignorado, trajetória sinuosa e, o que é principal, sem visualizar quase nada da sua própria movimentação.

Continua havendo, entretanto, divergências sobre o primeiro nado a ser ensinado, apesar das razões aqui expostas. Na Europa temos informações de que o nado PEITO tem uma grande aceitação como primeiro nado, assim como o nado COSTAS, este último associado a técnicas de sobrevivência na água. O nado CRAWL é ensinado em primeiro lugar nos E.U.A. e na extinta União Soviética.

É importante que se diga que, apesar de adotarmos um primeiro nado a ser ensinado, isto não quer dizer que a criança não possa desde o início ser trabalhada em suas aulas, com movimentações pertencentes aos demais nados. Tal estratégia visa não só adiantar os padrões de movimento desses outros nados, como também propicia um maior desenvolvimento neuromotor da criança.

## QUAL A ORDEM NA QUAL OS QUATRO NADOS DEVEM SER ENSINADOS? POR QUÊ?

**R.** *Esta questão já tem um quarto (25%) de sua resposta dada no item anterior, onde afirmamos e justificamos que o primeiro nado a ser ensinado deve ser o CRAWL.*

O segundo nado a ser abordado deve ser o COSTAS, principalmente porque em seu processo pedagógico podem ser utilizadas muitas conquistas alcançadas na aprendizagem do CRAWL. Muitos movimentos ou posições aprendidas durante o ensino do CRAWL são aproveitadas total ou parcialmente para se ensinar o COSTAS, necessitando-se muitas vezes de pequenas adaptações referentes principalmente à mudança de decúbito (da posição de barriga para baixo para a posição de costas propriamente). Cientificamente, esse fenômeno de "aproveitamento" de movimentos já aprendidos é denominado TRANSFERÊNCIA DE APRENDIZAGEM.

---

**NOTA:** *Embora não seja nosso tema neste trabalho, é necessário repensarmos a opção de primeiro nado quando estivermos trabalhando com adultos e idosos. Limitações severas, principalmente de natureza musculo-articular e emocionais (medo), podem indicar outro nado como o mais aconselhável para o início do aprendizado. Nessa situação, a opção deverá ser feita analisando-se caso a caso.*

Mesmo o sentido da circundução de braços, que no COSTAS deve ser invertido, a experiência nos mostra que se torna muito mais fácil de ser assimilado se o aluno já possuir a experiência anterior do nado CRAWL. Dessa forma, quando o aluno já tiver o domínio da circundução de braços como braçada do nado CRAWL, em que ele pode inclusive olhar-se e beneficiando-se até mesmo da autocorreção (feed-back intrínseco), aprender o COSTAS será muito mais fácil.

Há, ainda, a favor do COSTAS o fator respiração, que no seu caso é praticamente livre. Nesse detalhe precisamos lembrar apenas que a dinâmica respiratória deve sempre favorecer a boa flutuabilidade (o aluno deve permanecer o maior tempo possível com os pulmões relativamente inflados de ar), além de dar preferência à inspiração pela boca e expiração pelo nariz, para evitar-se que entre água pelo nariz.

Quanto ao terceiro nado, optamos pelo BORBOLETA, porque não só possui respiração técnica com fase submersa, como também é um nado de grande momento de força[10], exigindo do praticante grande empenho e potência, além de um grande intervalo inercial[11], o que compromete a continuidade propulsiva, notadamente das braçadas.

Em sua técnica de movimentação de braços e pernas, o nado BORBOLETA guarda grandes semelhanças com o

---

[10] Momento de força é o ponto durante a trajetória da braçada em que há condições biomecânicas de o nadador aplicar a maior força ou potência durante o nado. No BORBOLETA o momento de força deve não só propulsionar o nadador, como também propiciar uma boa recuperação aérea dos braços.

[11] Intervalo inercial é o momento no qual não atua sobre o corpo nenhuma força externa para alterar seu estado estático ou dinâmico. No BORBOLETA, em cada ciclo de braçada ocorre um momento inercial durante toda a recuperação dos braços.

nado CRAWL. Na verdade, basta uma observação rápida em qualquer seqüência fotográfica para visualizarmos que, em termos de membros superiores e inferiores, o BORBOLETA nada mais faz do que utilizar simultaneamente o que o CRAWL o faz alternadamente. Acrescenta-se apenas, como fator complicador, a ondulação ou golfinhada, feita no momento do "ataque" das mãos e "puxada" dos braços durante a braçada.

Essas semelhanças fazem com que o BORBOLETA seja escolhido como terceiro nado, antes do PEITO, porque, de forma análoga ao que ocorre com o costas, o professor de natação poderá se utilizar do fenômeno de transferência de aprendizagem.

O nado de PEITO, dessa maneira, fica colocado como o último a ser ensinado, tendo como pressuposto básico a sua alta complexidade de movimentação e de coordenação.

A complexidade de movimentação refere-se principalmente à sua pernada, considerada o movimento mais antinatural dos quatro nados. Construída a partir de estudos biomecânicos, a correta posição de empurre dos pés (em flexão dorsal) e dos joelhos (mais próximos que os calcanhares) exige do praticante um grande trabalho de aprendizagem e uma grande adaptação musculo-ligamentar, pois a aplicação de força nessas condições sobrecarrega bastante a articulação dos joelhos.

Essa dificuldade na pernada é tão significativa que, há algumas décadas atrás, quando esse movimento era feito com os joelhos bem afastados, semelhante mesmo a uma rã (além de uma braçada menos vigorosa e algumas outras diferenças), o nado PEITO chegava a ser ensinado em primeiro lugar, antes mesmo do CRAWL.

Quanto à coordenação, a dificuldade se concentra no fato de que o PEITO é basicamente um nado de ações motoras seqüenciais alternadas, ou seja, braços e pernas se alternam continuamente em suas movimentações, devendo a propulsão de pernas (majoritária neste nado) coincidir com a recuperação submersa dos braços, sendo sucedida por uma pequena fase de deslizamento, seguindo-se nova puxada dos braços com respiração frontal, e assim sucessivamente.

Como ao longo do aprendizado essas dificuldades se sobrepõem, o PEITO hoje é um nado ensinado quase sempre por último, quando o aluno já possui um razoável desenvolvimento físico, motor e até cognitivo (intelectual), fruto do aprendizado dos outros nados.

## QUAL A MELHOR METODOLOGIA PARA O ENSINO DA NATAÇÃO?

**R.** *Segundo Counsilman (1968) existem basicamente três métodos de ensino em natação: TOTAL, PARTES PARA O TODO e PARTES PROGRESSIVAS.*

O método TOTAL é empregado pela maioria das pessoas que aprendem a nadar sozinhas. Nele pratica-se a totalidade dos movimentos sem dividi-los em suas várias partes, procurando aperfeiçoá-los simultaneamente. Quase todos os nossos gestos motores ditos "naturais" são aprendidos através deste método, como o caminhar, correr, arremessar, pular e trepar.

Neste método, o professor atua dirigindo a atenção do aluno para a parte especial do movimento que se quer praticar, enquanto ele segue executando todo o restante. É mais utilizado para adultos que já tenham alguma vivência anterior em natação.

No método das PARTES PARA O TODO, as diversas partes do nado são trabalhadas separadamente e praticadas em exercícios isolados. Quando todas elas forem aprendidas, serão então unidas para formar o conjunto do nado.

Este método normalmente exige muito tempo, pois requer o ensino em separado de cada parte, e depois o trabalho de integrá-las. Além disso, quando se pratica o método das partes, é quase impossível imitar o movimento exato e as condições em que ele será executado quando o conjunto do nado for praticado.

O método das PARTES PROGRESSIVAS consiste em exercitar separadamente a primeira etapa, exercitar a segunda etapa e uni-las em conjunto e acrescentar movimentos parciais sucessivamente, coordenando-os entre si, até que a habilidade em questão esteja completa. É um método muito indicado para crianças em geral.

Quanto à eficiência de cada um desses três métodos, há indicações positivas para cada um deles, dependendo de diversos fatores, tais como faixa etária e número de alunos por turma; objetivos de curto, médio e longo prazos; infra-estrutura material ou tempo disponível para o trabalho, entre outros.

Podemos adiantar, entretanto, que a experiência prática sugere que para aprender movimentos mais simples, o método TOTAL é superior aos outros dois aqui citados. Para exercícios mais complexos o método das PARTES PARA O TODO e notadamente o das PARTES PROGRESSIVAS são superiores.

Em nosso caso específico, como a criança é o nosso referencial, optamos preferencialmente pelo método da PARTES PROGRESSIVAS, em que a criança, de maneira lenta e gradual, irá aprender uma tarefa de cada vez, da mais simples para as mais complexas, associando-as uma de cada vez àquelas já assimiladas, até automatizá-las em conjunto, finalizando com o nado completo (no caso do primeiro, o nado CRAWL).

| PLANO PEDAGÓGICO PARA O NADO CRAWL | | |
|---|---|---|
| APRENDIZADO | 1. ADAPTAÇÃO | 1.1. AMBIENTAÇÃO (RECONHECIMENTO)<br>1.2. CONTROLE RESPIRATÓRIO<br>1.3. FLUTUAÇÃO |
| | 2. APRENDIZADO PROP. DITO | 2.1. PROPULSÃO<br>2.2. RESPIRAÇÃO TÉCNICA<br>2.3. COORDENAÇÃO (NADO COMPLETO) |

## 1. ADAPTAÇÃO

**1.1. AMBIENTAÇÃO (ou RECONHECIMENTO DO MEIO LÍQUIDO):** fase em que o aluno sentiria o que é a água, qual sua atuação sobre seu corpo, sua temperatura, resistência, profundidade, dependendo da piscina a sua forma, etc.

**1.2. CONTROLE RESPIRATÓRIO:** adaptação das vias respiratórias ao contato direto com a água durante a imersão, ou seja, expiração pelo nariz e pela boca, evitando a entrada de água nas fossas nasais. Como essa fase implica necessariamente em afundamento da cabeça, outras adaptações devem também ocorrer, como a entrada de água nos ouvidos e principalmente abertura dos olhos embaixo d'água.

**1.3. FLUTUAÇÃO:** desenvolvimento da capacidade de o aluno sustentar-se na superfície da água sem auxílios externos. É uma capacidade primordial na natação, a ponto de considerar-se que, com o domínio da flutuabilidade, 50% do aprendizado básico foi alcançado.

A flutuabilidade é considerada aprendida quando o aluno domina as seguintes movimentações: a) posição vertical (em pé) numa piscina pedagógica[12], deita-se na água

[12] Piscina pedagógica é aquela que possui parte rasa, na qual o aluno tem condições de ficar com os pés apoiados no fundo e a cabeça livre.

sem auxílio externo, mantendo-se na posição horizontal e com o rosto na água até o término da resistência respiratória (fôlego); b) reassumir a posição vertical sem auxílio externo, com a realização de movimentos coordenados de pernas, braços e cabeça.

## 2. APRENDIZADO PROPRIAMENTE DITO (NADO "CRAWL")

**2.1. PROPULSÃO:** fase na qual já existe realmente uma movimentação de nado, em que aparece a principal função da natação, que é o deslocamento no meio líquido. Na propulsão, a seqüência por nós defendida tem como fase inicial a movimentação das pernas e em seguida a dos braços, chegando até o nado completo em apnéia (sem respiração). O aluno terá, então, idéia e vivência prática do nado como um todo, com a respiração ainda bloqueada.

**2.2. RESPIRAÇÃO TÉCNICA:** Fase do aprendizado na qual o aluno escolherá seu lado preferido para a rotação ou elevação de cabeça e realizará as fases de inspiração e expiração, passando então (outros nados) a uma movimentação respiratória específica do nado ensinado, praticando-a conjuntamente com as braçadas e pernadas.

**2.3. COORDENAÇÃO (ou NADO COMPLETO):** é a fase de coroamento de todo o trabalho, em que o aluno irá, dentro da movimentação já aprendida (item 2.1 e 2.2), incrementar a respiração no momento adequado, principalmente em relação ao movimento de braços, além de realizar os movimentos de pernas com determinado ritmo relativo à freqüência de braçada, unindo, portanto, braçada, respiração e pernada em um conjunto harmonioso (nado).

## O AQUECIMENTO É IMPORTANTE ANTES DA NATAÇÃO?

**R.** *Aquecimento é aquela atividade que geralmente precede a entrada dos alunos na água (o aquecimento pode também ser realizado dentro d'água), e tem por finalidade fazer com que o aluno fique psicológica e fisiologicamente preparado para realizar a aula, da melhor maneira possível.*

Em outras palavras, quando o aluno realiza o aquecimento está se preparando a princípio psicologicamente, despertando sua mente para assimilar e reagir mais eficientemente aos estímulos que uma aula de natação lhe apresentará. No campo fisiológico, os exercícios de aquecimento preparam o organismo para a execução da atividade que se pretende realizar, atuando no:

— aumento da ventilação pulmonar, pelo aumento da freqüência e amplitude do binômio inspiração e expiração, preparando assim o aparelho respiratório para as exigências da respiração técnica dos nados, que são basicamente rapidez e volume;

— aumento da velocidade circulatória do sangue, pelo aumento da freqüência cardíaca e do volume sistólico (volume de sangue bombeado pelo coração em cada contração), atuando diretamente na musculatura e articulações, aumentando sua irrigação e preparando-os para os esforços inerentes à natação.

Temos que salientar que as alterações funcionais provocadas pelo aquecimento prévio, nada mais são do que adaptações ao trabalho físico, atuando diretamente no sistema nervoso central, que coloca todo o organismo em condições de enfrentar uma solicitação física maior do que aquela do nosso cotidiano.

Em relação ao tempo gasto nessa atividade, este poderá variar em função de algumas variáveis como temperatura ambiente, tipo de aula a ser ministrada ou tipo específico de aquecimento a ser realizado, por razões de conteúdo de aula. Acreditamos, entretanto, que o tempo de aquecimento não deve ser inferior a cinco, nem superior a quinze minutos.

Quanto aos tipos de aquecimento, temos vários, cada um com seu enfoque. Por exemplo:

— aquecimento lúdico: quando procuramos aquecer o grupo com pequenos jogos ou brincadeiras coletivas;
— aquecimento localizado: quando trabalhamos grupos musculares e articulações específicas, geralmente porque serão especialmente solicitadas durante a aula;
— aquecimento aquático: quando colocamos o grupo na água e conduzimos a atividade utilizando a resistência da água como elemento atuante.

---

**NOTA:** *O aquecimento em seco poderá e deverá em muitos casos servir de instrumento para o aluno exercitar a movimentação técnica do nado que se está trabalhando, no qual o professor poderá enfatizar e corrigir os movimentos de maior dificuldade.*

# Capítulo 2

# Como ensinar o primeiro nado[13]?

**R.** *Para ensinarmos o primeiro nado (CRAWL), partimos da premissa de que nosso aluno já está adaptado com o meio líquido, tendo portanto condições de permanecer na superfície, em decúbito ventral, corpo estendido na horizontal, braços e pernas unidos e estendidos, mãos sobrepostas, cabeça no prolongamento do corpo e entre os braços, olhos abertos e com a respiração bloqueada em inspiração (apnéia inspiratória), considerando que pulmões cheios de ar ajudam o corpo a flutuar. Esta posição, por suas características, é chamada de hidrodinâmica, ou seja, favorável ao deslocamento do corpo na água por diminuir ao máximo a resistência frontal oferecida pelo meio. Vamos nos referir a ela aqui como posição I.*

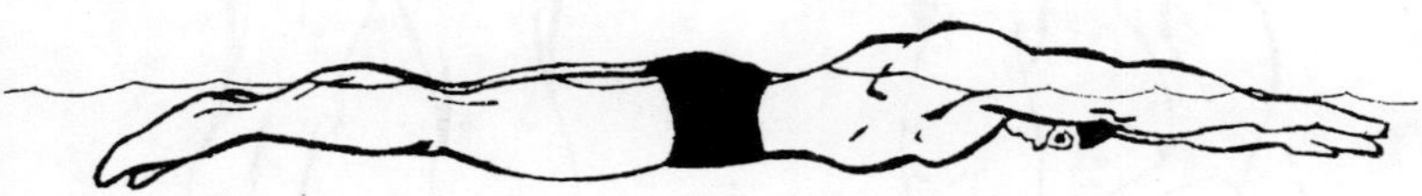

[13] Nado e estilo são palavras distintas, porque o NADO descreve a movimentação biomecânica padrão e o ESTILO se enquadra na individualização do nado, em que o nadador cria sua própria adaptação do modelo biomecânico de nado.

## PROPULSÃO DE MEMBROS INFERIORES

Com o nosso aluno já conseguindo assumir a posição I, podemos iniciar o trabalho de propulsão do nado pelo batimento de pernas, ou seja, a movimentação técnica dos membros inferiores, de maneira alternada e consecutiva, para cima e para baixo, pernas estendidas e descontraídas, pés voltados ligeiramente para dentro, executando uma leve flexão da perna sobre a coxa antes de cada fase descendente, estendendo-se completamente ao final dessa fase. A amplitude desses movimentos não deve exceder 30 cm.

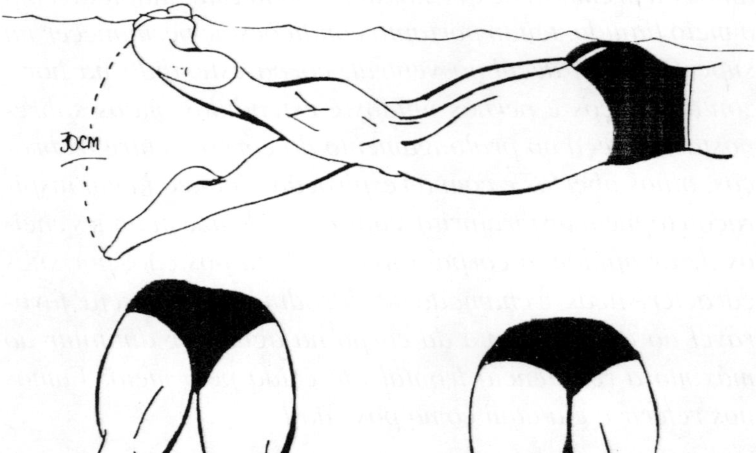


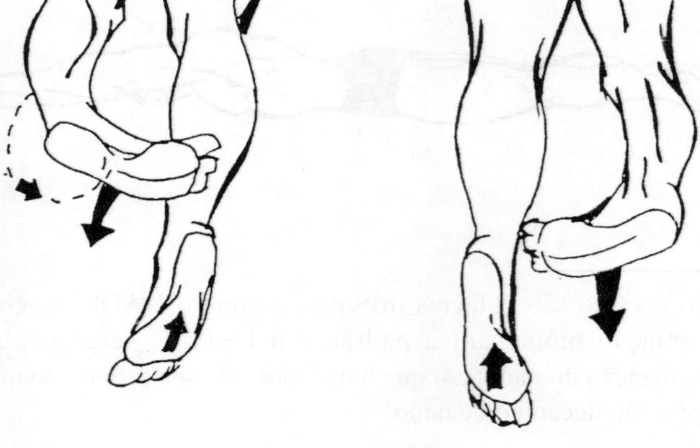

Devemos lembrar que toda esta técnica de batimento de pernas deverá seguir a orientação metodológica do simples para o complexo, ensinando-se primeiramente os movimentos mais fáceis e amplos em primeiro lugar, um após o outro, automatizando-os e coordenando-os sucessivamente e assim incorporando novos detalhes de refinamento do movimento, sempre de acordo com a prontidão[14] do aluno.

No nado crawl devemos iniciar com o batimento de pernas, pois além de representarem um importante elemento propulsivo deste nado, com cerca de 20% da propulsão total (braços e pernas), é também responsável pelo equilíbrio horizontal do corpo, fazendo com que a posição hidrodinâmica seja o mais estável possível.

A esse respeito aliás, é importante ressaltar ainda que, devido a diversos fatores como sexo, quantidade de gordura no corpo (adiposidade) ou posição do centro de gravidade, cada pessoa terá sua própria posição I, e somente com batimento de pernas proporcional a cada necessidade é que conseguiremos que nosso aluno assuma uma posição tecnicamente desejável para o desenvolvimento do nado.

Acreditamos que o trabalho de pernas do nado Crawl deva ser ensinado primeiramente sem o auxílio externo, podendo ser abordado também em sêco (durante o aquecimento), para uma melhor visualização e conscientização do aluno. No trabalho na água, só usar elementos de auxílio se houver necessidade real para isso. O batimento de pernas não é exatamente algo complexo e a maioria dos alunos iniciantes apresenta condição de realizá-lo diretamente. É claro que o iniciante apresentará um quadro inicialmente rudimentar, que deverá ser orientado e apurado gradativamente ao longo das aulas.

---

(14) Prontidão é a condição apresentada pelo aluno que facilita ou dificulta sua aprendizagem, na qual atuam fatores como: maturação neurofisiológica, nível de motivação e experiências anteriores.

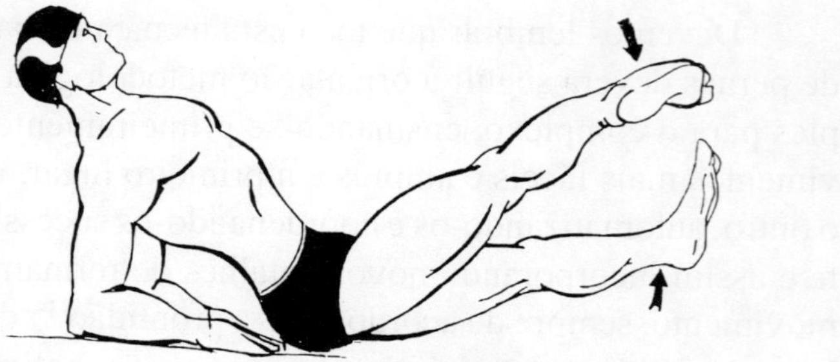

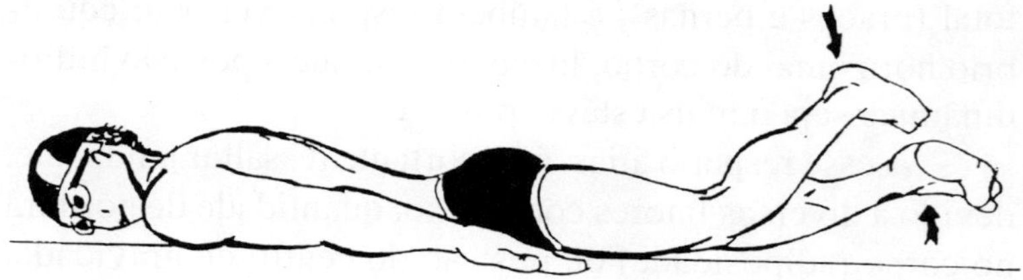

Para desenvolvermos o batimento de pernas segundo nossa necessidade podemos utilizar alguns recursos auxiliares, como:

— realizar o batimento segurando na borda da piscina;

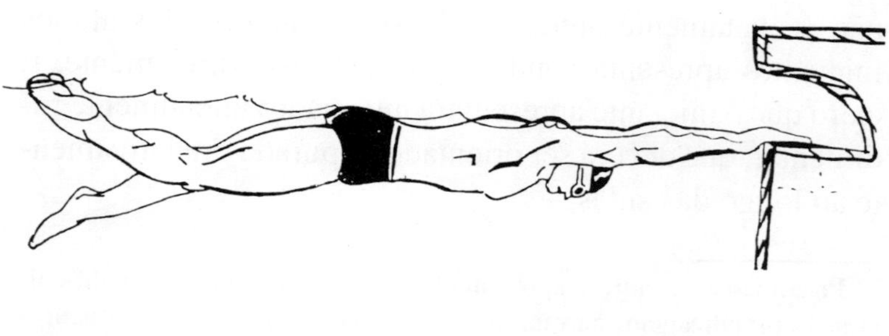

— realizar o batimento com o professor dentro d'água, auxiliando diretamente onde necessário;

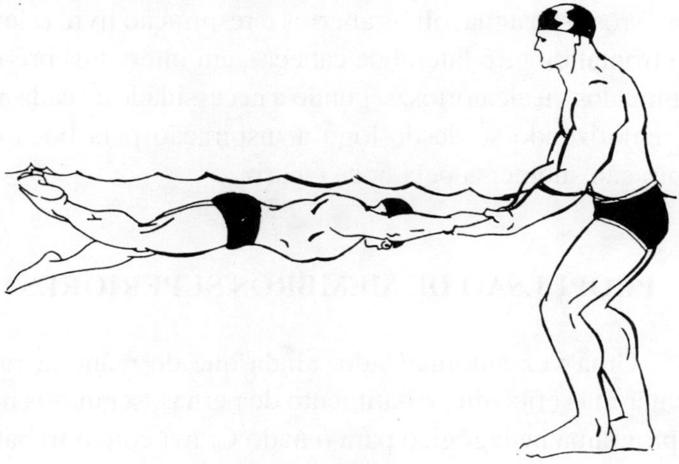

— realizar o batimento com auxílio da prancha, com a possibilidade de explorar também movimentos laterais;

É importante ressaltar que estes e todos os exercícios feitos com prancha e em decúbito ventral, devem ser feitos com o rosto na água, olhos abertos e respiração livre (elevação frontal ou giro lateral de cabeça), em intervalos pré-determinados ou aleatórios, segundo a necessidade de cada aluno, enfatizando-se desde logo a inspiração pela boca e a expiração submersa pela boca e nariz.

## PROPULSÃO DE MEMBROS SUPERIORES

Uma vez automatizado, ainda que de maneira rudimentar mas eficiente, o batimento de pernas, seguimos nosso programa pedagógico para o nado Crawl com o trabalho de braços (membros superiores), que são responsáveis por cerca de 80% da propulsão total deste nado.

Considerando-se uma escala virtual de dificuldade, essa braçada é sem dúvida mais complexa que a pernada e deverá, a princípio, ser ensinada isoladamente, também de maneira rudimentar, procurando o aluno inicialmente realizar movimentos amplos e de pouca exigência técnica, aos quais serão incorporados lentamente alguns posicionamentos básicos de alavancas, como por exemplo os melhores ângulos entre braço e ante-braço que permitem melhor momento de força.

Como primeiro exercício sugerimos a circundução alternada dos braços, feita em pé e no seco durante o aquecimento.

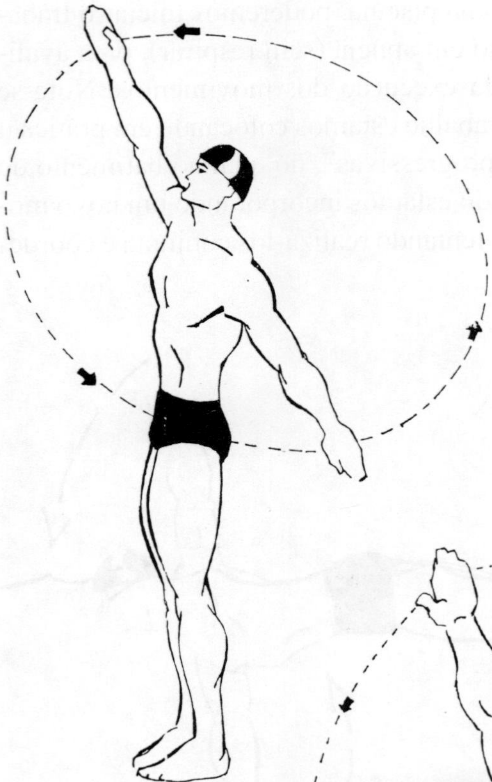

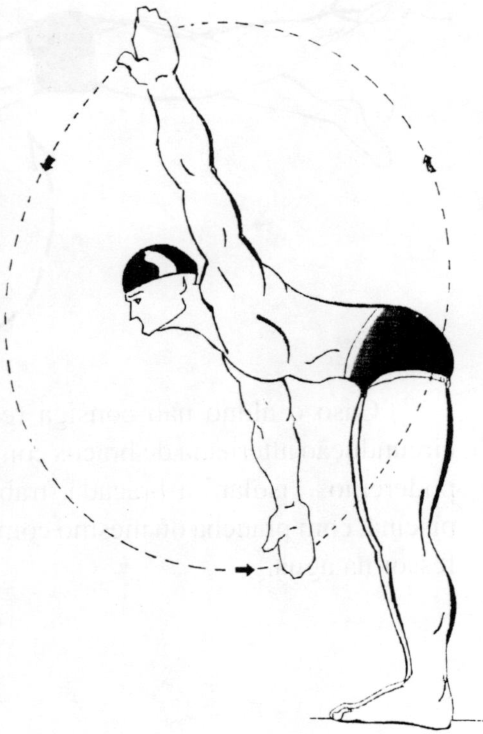

Em seguida, já na piscina, poderemos iniciar o trabalho de nado completo em apnéia (sem respirar), para avaliarmos a qualidade da execução dos movimentos. Note-se que nesta altura do trabalho estamos colocando em prática o método das "partes progressivas", no qual ao batimento de pernas já automatizado estamos incorporando um novo movimento (a braçada), tentando realizá-los conjunta e coordenadamente.

Caso o aluno não consiga realizar o movimento de circundução alternada de braços com o batimento de pernas, poderemos "isolar" a braçada, trabalhando-a na borda da piscina, com prancha ou mesmo com o auxílio direto do professor na água.

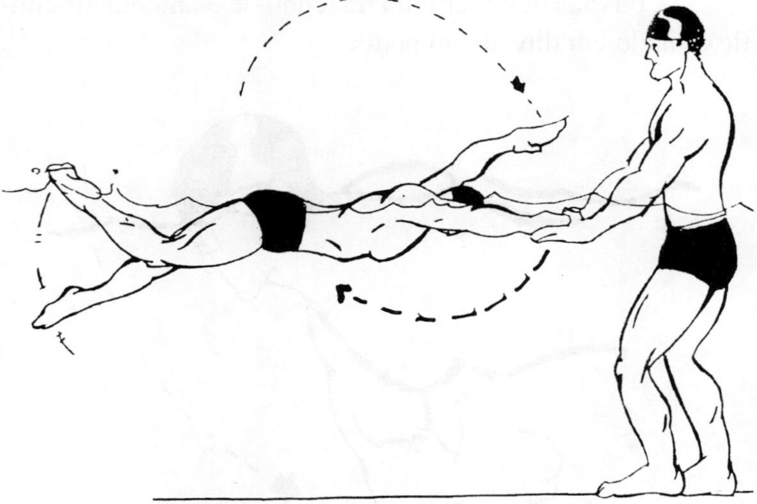

Quando a movimentação de pernas e braços em circundução, executada em apnéia, estiver dominada, procuramos introduzir um aprimoramento na braçada dividido em quatro partes:

1 - entrada da mão na água (ataque);
2 - puxada;
3 - empurre;
4 - retirada (recuperação);

A entrada na água deve ser com o cotovelo alto e mãos no prolongamento do antebraço;

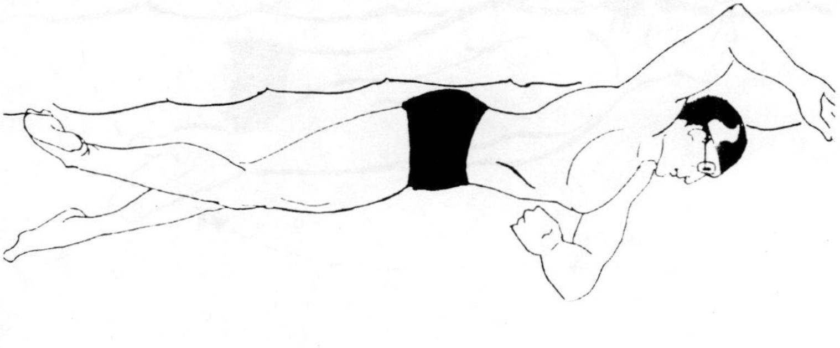

A puxada deve ser feita trazendo-se o antebraço semi-flexionado em direção ao peito;

O empurre deve ser feito de modo a realmente se "empurrar" a água para trás, estendendo-se os braços até a mão praticamente tocar a coxa;

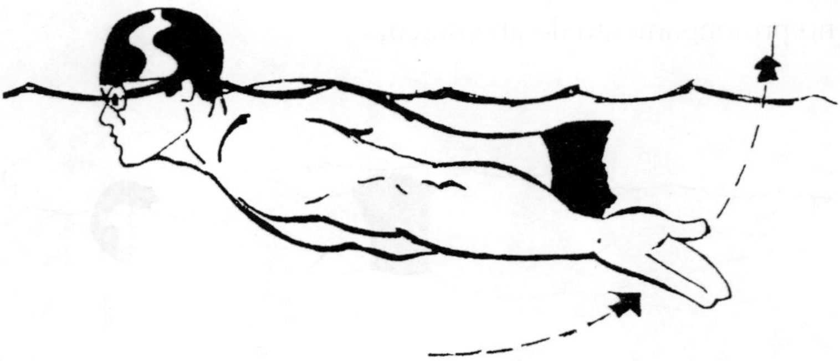

Feito isso, retira-se o braço da água e reinicia-se o mesmo movimento com o outro braço.

Após descrevermos e auxiliarmos em seco esse aprimoramento inicial da braçada, repetimos o trabalho na água da maneira como já foi feito com a circundução, até chegarmos ao nado completo em apnéia já com características técnicas básicas.

## RESPIRAÇÃO TÉCNICA

A respiração técnica nada mais é do que o movimento de cabeça que deve ser realizado, juntamente com a propulsão, para que possamos respirar e, assim, nadar por um tempo indeterminado, sem que sejamos limitados pelo nosso fôlego. Para respirar enquanto nadamos, precisamos adequar a maneira de movimentar a cabeça e o uso da boca e do nariz na dinâmica respiratória.

Existem dois modelos de respiração técnica. O primeiro é chamado de "explosiva", na qual a inspiração é feita pela boca, com giro lateral da cabeça, seguido de um bloqueio respiratório. Feito isso, poderá se executar um ou dois ciclos completos de braçada (braço direito e esquerdo), só então ocorrendo rapidamente a expiração e nova inspiração.

A inspiração deve ser feita preferencialmente pela boca, para que se possa inalar a maior quantidade de ar possível num curto espaço de tempo, enquanto a expiração deve ser feita não só pela boca, como também pelo nariz, com o objetivo de evitar uma eventual entrada de água.

A rotação lateral de cabeça, que visa livrar as vias respiratórias da água, deve ser feita para o lado previamente escolhido pelo aluno como de mais fácil execução, evitando-se que a cabeça deixe o eixo longitudinal do corpo, comprometendo a horizontalidade do nadador. Essa escolha deve ser feita pelo aluno baseada em experiências motoras proporcionadas por exercícios com movimentos isolados de cabeça feitos na água, com ou sem a ajuda de apoios.

O giro lateral deverá ocorrer enquanto o braço referente a este lado (giro para a direita, braço direito ou vice-versa) estiver na fase de empurre, com a expiração tendo ocorrido na fase de puxada.

A respiração poderá ainda ser feita somente para o lado mais favorável (unilateral), ou para ambos os lados (bilateral), onde a cada ciclo completo de braçada alterna-se o sentido do giro de cabeça. Em termos pedagógicos, o ideal seria ensinarmos a respiração unilateral e, após uma assimilação rudimentar do movimento, trabalharmos o outro lado, criando as condições para a respiração bilateral, que de modo geral é mais equilibrada e harmoniosa para o praticante.

O segundo modelo de respiração técnica é o da respiração contínua, no qual a diferença com a "explosiva" é que não há momento algum de apnéia, ou seja, imediatamente após a inspiração inicia-se uma expiração lenta e contínua até o momento de nova inspiração.

Tanto um como outro modelo de respiração técnica são eficientes, podendo ser adequados às necessidades e características individuais de cada aluno, com a ressalva de que a respiração explosiva, por conter um momento de apnéia inspiratória, e mais favorável à flutuabilidade de quem a pratica.

Após a escolha do lado predileto, iniciamos os exercícios de coordenação da respiração técnica, em que o aluno realizará a movimentação da braçada juntamente com a respectiva respiração. Devido à complexidade desses exercícios, sugerimos que sejam realizados primeiramente em seco, com o auxílio do professor e trabalhando-se um braço de cada vez.

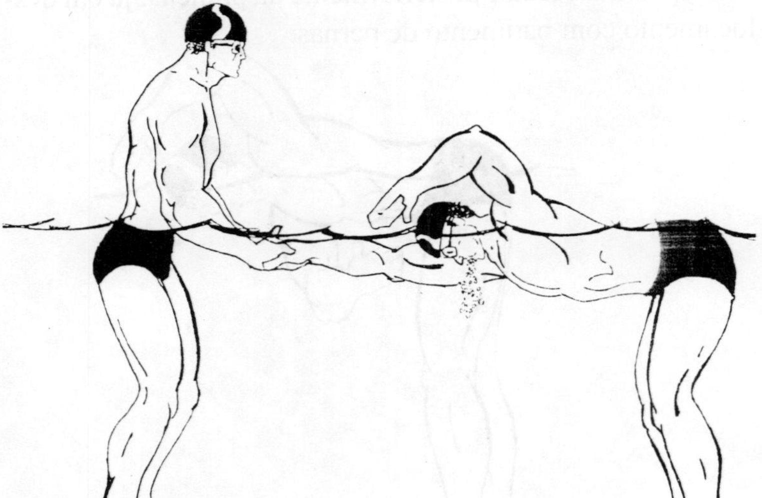

A seguir, o mesmo exercício pode ser realizado na água com apoio na borda e posteriormente da prancha, já em deslocamento com batimento de pernas.

## TÉCNICA DA RESPIRAÇÃO EXPLOSIVA

A experiência recomenda que estes exercícios de coordenação respiratória obedeçam à seguinte seqüência:

- inspirar o ar pela boca, colocar a cabeça na água, olhos abertos, braços apoiados na borda;
- inicia-se o movimento com o braço referente ao lado escolhido para o giro da respiração. Desde o início até o final da puxada, o aluno deve EXPIRAR o ar, predominantemente pela boca e em pouco pelo nariz;
- terminada a expiração, o braço já deve estar na fase de empurre, que deverá ser acompanhado pelo giro lateral de cabeça (sem levantá-la) e pela abertura da boca para uma rápida inspiração;
- feito isso, a cabeça retorna à posição inicial, o braço ao apoio por fora d'água; então o outro braço é movimentado com bloqueio respiratório;
- somente então o braço "da respiração" reinicia nova braçada.

## TÉCNICA DA RESPIRAÇÃO CONTÍNUA

Possui a mesma mecânica da técnica anterior, iniciando-se entretanto pelo movimento do braço oposto ao da respiração:

- expira-se o ar lentamente durante toda a puxada e o empurre do braço oposto;
- prossegue-se em expiração até o início do empurre do braço "da respiração", que deverá ser acompanhado pelo giro lateral de cabeça (sem levantá-la) e pela abertura da boca para uma rápida inspiração;
- a cabeça retorna à posição original, iniciando-se imediatamente nova expiração gradual, enquanto o braço retoma o apoio por fora d'água;
- o outro braço é movimentado com lenta expiração, reiniciando novo ciclo.

### A - Exercício na Borda

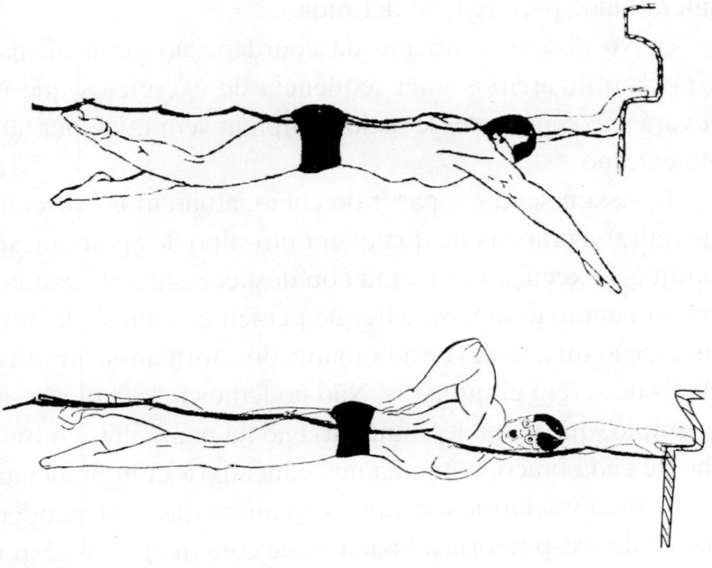

**B - Exercício em Deslocamento com Apoio da Prancha**

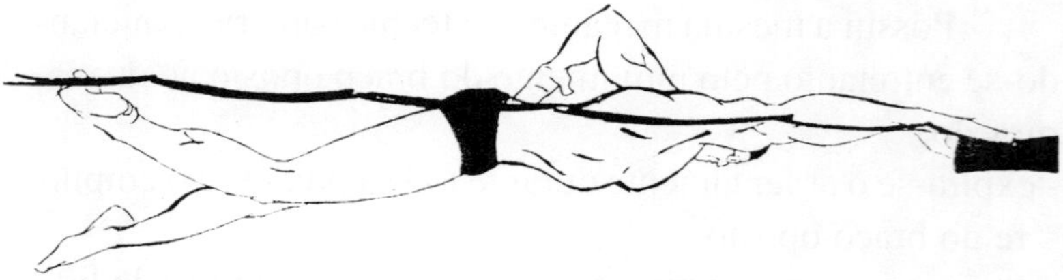

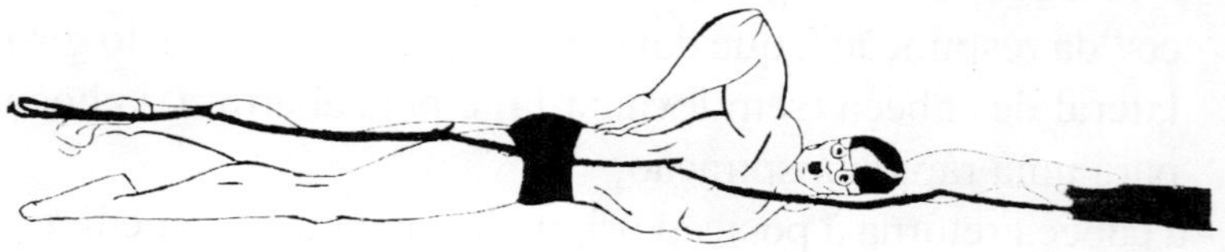

## COORDENAÇÃO GERAL DO NADO

Iniciamos esse trabalho assim que nosso aluno já consiga dominar o batimento de pernas juntamente com as braçadas alternadas, com apoio na prancha e respiração com lateralidade preferencial definida.

No desenvolvimento da coordenação geral do nado Crawl, utilizaremos uma seqüência de exercícios que nos levará à execução desse nado completo sem qualquer auxílio externo.

Assim sendo, a partir de então, atuaremos no sentido de retirar a prancha ou qualquer outro tipo de apoio, mesmo porque a execução exagerada ou desnecessária de exercícios com apoio desenvolve freqüentemente "vícios" de movimentação que, uma vez automatizados, tornam-se muito difíceis de serem eliminados. Não podemos nos esquecer, por exemplo, que no nado completo não há pausa entre o trabalho de cada braço, como há nos educativos com prancha.

Para iniciarmos, pedimos ao aluno que, independente da técnica respiratória adotada, nade com intervalos respiratórios de quatro ciclos completos de braçada (braçada direita + braçada esquerda = ciclo completo de braçada). Isso significa que, a cada quatro ciclos completos de braçada, ele deve "encaixar" a respiração lateral, sempre do lado escolhido. Dominada essa execução, passamos para três ciclos completos, depois para dois e finalmente um.

A razão de diminuirmos gradativamente o intervalo entre as respirações é que, à medida que o aluno evolui e automatiza a coordenação, vai necessitando de cada vez menos tempo para pensar na técnica que deve executar. Nessa fase recomendamos a respiração explosiva, até que se chegue ao ritmo de uma respiração para cada ciclo de braçada. Somente então poderemos adotar a outra técnica se for o caso.

Devemos ainda levar em conta que no movimento rudimentar de coordenação geral, há uma pequena solução em continuidade sempre que o aluno gira a cabeça para respirar. Isso faz com que o corpo perca um pouco de sua inércia dinâmica e, conseqüentemente, flutuabilidade. Por isso também os intervalos maiores entre as respirações (3 ou 4 ciclos completos) são inicialmente mais indicados.

Durante a realização dos exercícios aqui descritos, a postura do professor deve ser a de orientar o aluno quanto à mecânica e à coordenação dos diversos movimentos que compõem o nado, relembrando ao aluno eventuais detalhes ainda não automatizados.

## COORDENAÇÃO GERAL COM RESPIRAÇÃO BILATERAL

Uma vez executado o nado Crawl com respiração unilateral, mesmo que de forma rudimentar, devemos propor ao aluno um trabalho de compensação, procurando utilizar as mesmas técnicas respiratórias num conjunto de braçadas que proporcione uma respiração para cada lado (o fácil e o difícil), ou seja, bilateral.

Esse ritmo poderia ser o de um ciclo completo mais uma braçada para cada respiração (três braçadas para cada respiração) ou ainda dois ciclos completos mais uma braçada para cada respiração (cinco braçadas para cada respiração). Executada de uma dessas maneiras, cada respiração será efetuada para um lado, sendo que a primeira sugestão seria a "bilateral 3 x 1" e a segunda de "bilateral 5 x 1".

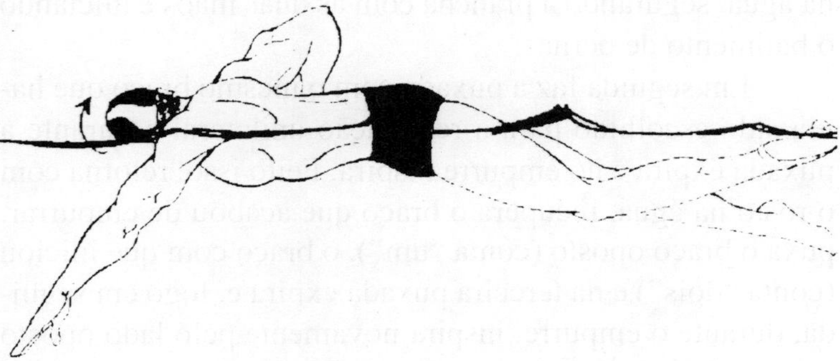

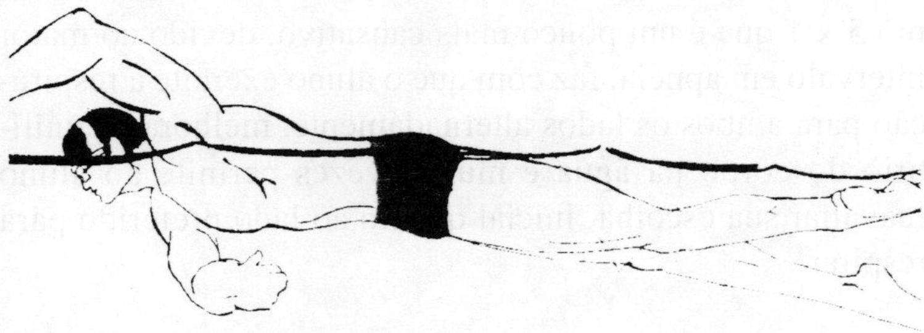

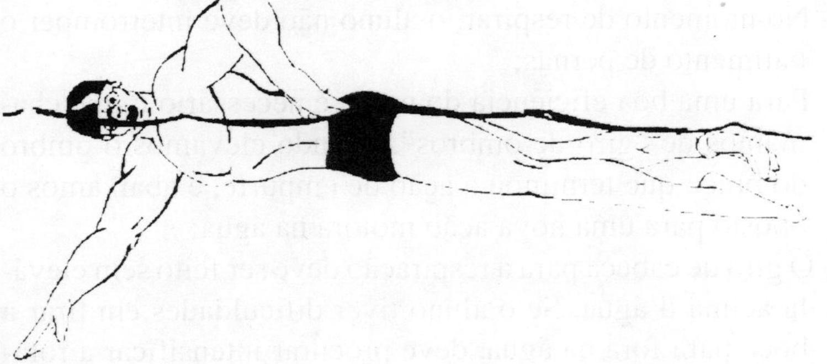

A princípio solicitamos que o aluno realize o bilateral 3 x 1 com prancha, utilizando necessariamente a técnica explosiva de respiração. Ele prende a respiração, deitando na água, segurando a prancha com as duas mãos e iniciando o batimento de pernas.

Em seguida faz a puxada com o mesmo braço que havia sido escolhido para a respiração unilateral e durante a puxada expira e no empurre inspira. Feito isso, retorna com o rosto na água, recupera o braço que acabou de empurrar, puxa o braço oposto (conta "um"), o braço com que iniciou (conta "dois") e na terceira puxada expira e, logo em seguida, durante o empurre, inspira novamente pelo lado oposto ao inicial, e assim sucessivamente.

Este trabalho bilateral, como descrito acima ou no ritmo 5 x 1 que é um pouco mais cansativo, devido ao maior intervalo em apnéia, faz com que o aluno exercite a respiração para ambos os lados alternadamente, melhora o equilíbrio do corpo na água e muitas vezes permite ao aluno reavaliar sua escolha inicial quanto ao lado preferido para respirar.

## CONSIDERAÇÕES IMPORTANTES

- No momento de respirar, o aluno não deve interromper o batimento de pernas;
- Para uma boa eficiência do nado, é necessário o que chamamos de "giro de ombros", quando elevamos o ombro do braço que terminou a ação de empurre, e abaixamos o oposto para uma nova ação motora na água;
- O giro de cabeça para a respiração deve ser feito sem elevá-la acima d'água. Se o aluno tiver dificuldades em tirar a boca para fora da água, deve procurar intensificar a rotação de cabeça, mesmo que seja com discreto aumento do giro de ombros;

## QUAIS OS ERROS MAIS COMUNS NO ENSINO DO PRIMEIRO NADO?

**R.** *1 - Desvio na entrada da mão na água, muito aberta ou além da linha da cabeça;*

*2 - Cotovelo muito baixo durante a recuperação aérea dos braços;*

*3 - Corpo desnivelado da horizontal, por insuficiência ou erro no trabalho de pernas, ou ainda elevação exagerada da cabeça durante a respiração;*

*4 - Vontade de arrotar ou náuseas após poucos metros nadados, sinal de que o aluno está inspirando em demasia ou expirando insuficientemente, enchendo de ar além dos pulmões também o esôfago;*

*5 - Giro de cabeça insuficiente, não conseguindo tomar o ar. O aluno deve ajudar esse giro com uma ação conjunta de ombros.*

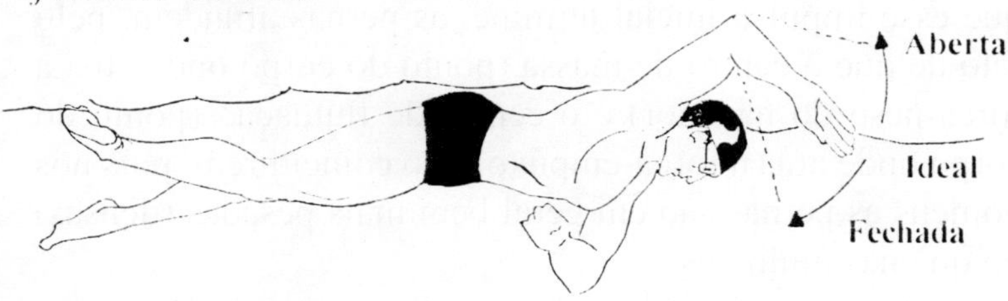


## COMO ENSINAR O SEGUNDO NADO?

**R.** *Não fosse a respiração aérea praticamente livre, as limitações articulares (notadamente ombros e cotovelos) e a falta de visão quanto à direção do deslocamento e à movimentação do corpo, o nado Costas seria pedagogicamente muito similar ao Crawl, mudando-se apenas a posição do corpo de decúbito ventral para dorsal.*

Como já explicamos, é por essas razões, apesar da suposta simplicidade da ação motora e da biomecânica do

Costas, que para nós ele é o segundo nado a ser ensinado, sendo que iniciamos o trabalho solicitando ao aluno que tente assumir a posição de costas na água, braços junto ao tronco, palmas das mãos voltadas para baixo e cabeça no prolongamento do corpo.

Ao assumir esta posição, a partir da posição de pé, o aluno deverá dar um ligeiro impulso principalmente com as pernas para que possa deslizar, sem ter que realizar outros movimentos propulsivos, pelo menos de início.

## PROPULSÃO DE MEMBROS INFERIORES

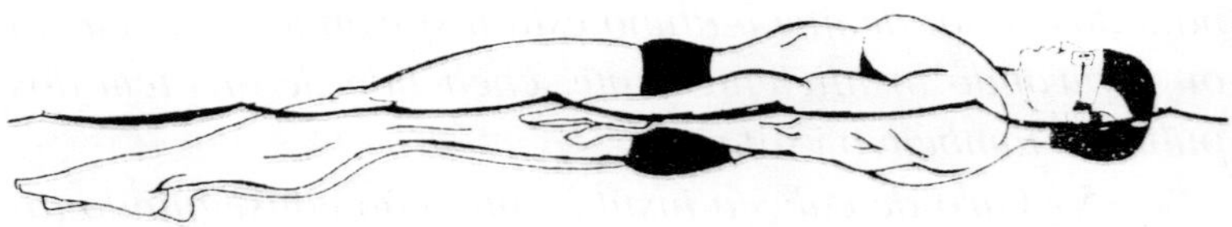

Principalmente no homem, a tendência é de que, logo que esse impulso inicial termine, as pernas afundem, pelo fato de que o centro de massa (ponto do corpo onde atua a força-peso do nadador) e o centro de flutuação (ponto do corpo onde atua a força-empuxo) não coincidirem, pois nos homens as pernas são em geral bem mais pesadas (densas) do que nas mulheres.

Assim sendo, solicitamos ao aluno que, tão logo sinta que flutua e desliza para trás, inicie o batimento de pernas, que é muito semelhante ao do nado Crawl, mudando somente a semiflexão de pernas, que agora passa a ser feita na fase ascendente, que termina com uma ação de "chute" na água, sem que os pés saiam para fora d'água.

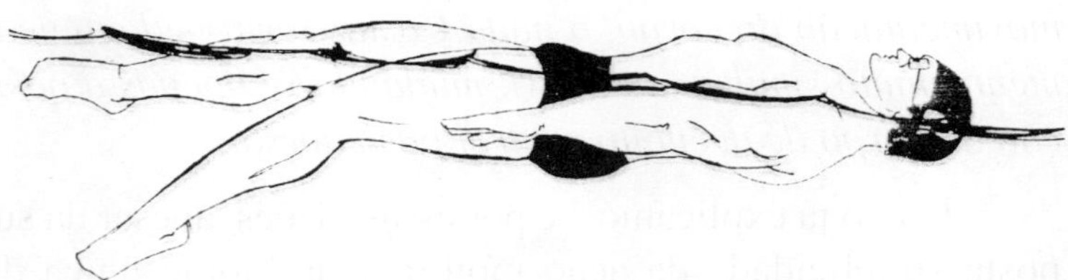

Caso o aluno enfrente dificuldades em flutuar na posição de costas, mesmo com batimentos de pernas, devemos observar seu quadril se está bem elevado, alinhado com os pés e a cabeça, além de solicitarmos que faça intervalos de apnéia inspiratória, para aumentarmos sua flutuabilidade.

Persistindo a dificuldade, o aluno pode realizar pequenas "remadas" para baixo com as mãos, durante o deslocamento ou ainda utilizar a prancha no estilo "travesseiro".

Alcançando o deslocamento com propulsão de pernas em decúbito dorsal, tentaremos lentamente alternar a posição dos braços, fazendo com que nosso aluno se desloque ora com o braço direito à frente e o esquerdo junto ao corpo, ora vice-versa, até que consiga deslocar-se com ambos os braços estendidos no prolongamento do corpo, mãos sobrepostas e cabeça entre os braços, deslocando-se somente com batimento de pernas, lenta e ininterruptamente.

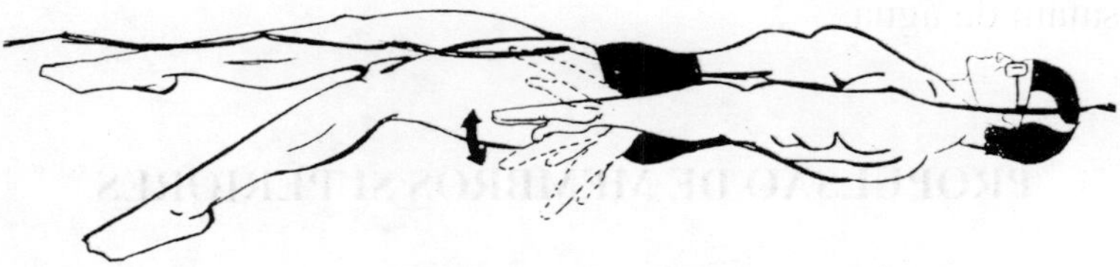

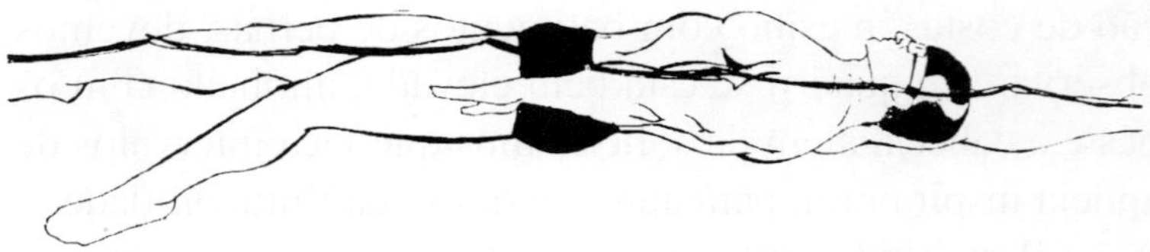

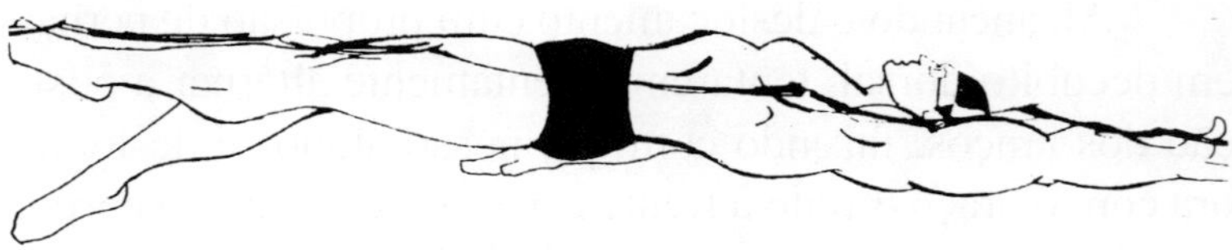

Para que a posição descrita acima seja conquistada de maneira eficaz, é necessário que o aluno tenha em mente que deve ficar o mais estendido possível na água, quadris elevados e um batimento de pernas em que joelhos e pés não saiam da água.

## PROPULSÃO DE MEMBROS SUPERIORES

A seguir, iniciamos o aprendizado da braçada, que pela limitação articular principalmente dos ombros e cotovelos é uma movimentação relativamente lateral, o que ocasiona um deslocamento final sinuoso, somente amenizado por um intenso, eficaz e constante batimento de pernas.

A primeira movimentação poderá ser feita em seco, com a vivência de circunduções ântero-posteriores (da frente para trás) alternadas dos braços, para que o aluno tenha apenas uma noção do movimento correto.

Na água, solicitamos ao aluno que se deite de costas com um dos braços no prolongamento e o outro junto ao corpo, iniciando lentamente o batimento constante de pernas e alternando a posição dos braços através de circunduções pausadas, propulsionando-se a cada movimento.

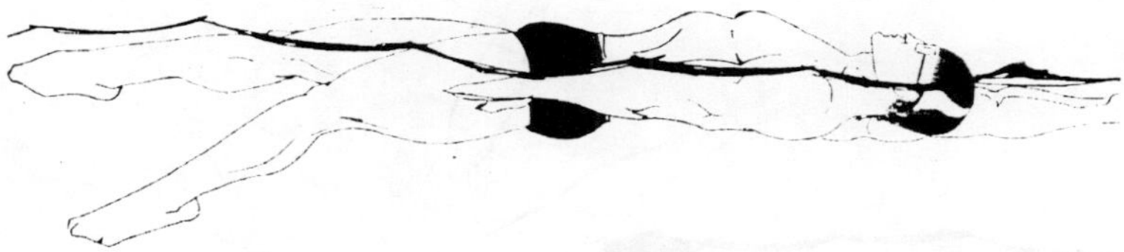

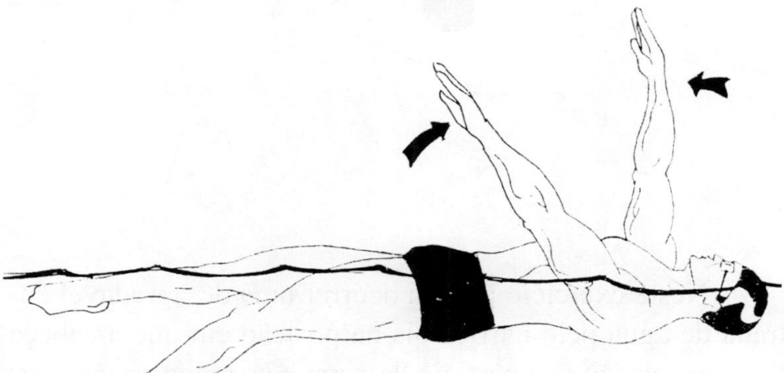

Uma vez dominado esse trabalho de braços com intervalos que auxiliam na manutenção do equilíbrio e da flutuabilidade do nadador, passamos às circunduções alternadas contínuas, procurando-se intensificar os batimentos de pernas para compensar as oscilações laterais sofridas pelo corpo.

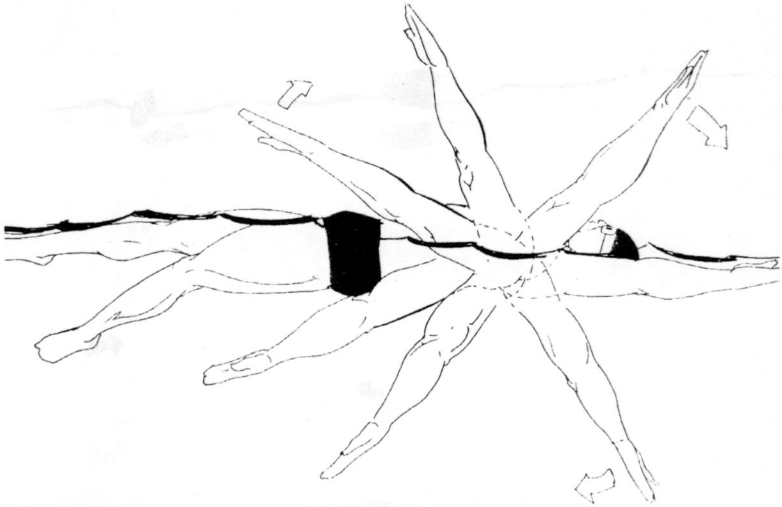

Neste exercício poderá ocorrer uma desagradável entrada de água pelo nariz, pois na posição em que a cabeça fica em relação à superfície da água e às recuperações dos braços, não é difícil que a água seja jogada ou mesmo passe em marolas sobre o rosto do aluno durante seu deslocamento. Para que isso não ocorra, sugerimos uma discreta elevação de cabeça, proporcional à necessidade e à flutuabilidade de cada aluno. É importante ressaltar que a elevação da cabeça tem como apoio o pescoço, que deve ficar estendido e apoiado na água.

Dominado o deslocamento com circundução simples dos braços, iniciamos o refinamento dos movimentos, solicitando que o aluno, ao colocar a mão na água, faça-o com ela de lado e voltada para fora, ou seja, entre na água com o dedo mínimo, e que ao retirá-la para a recuperação da braçada faça-o com a palma voltada para a coxa, ou seja, com o polegar para cima.

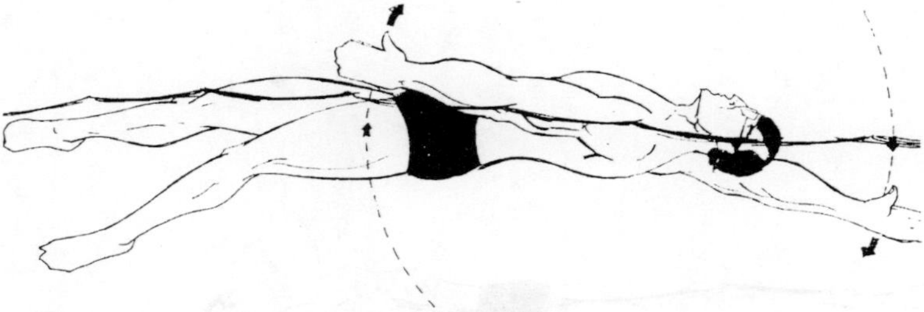

Sugerimos que o trabalho de aprimoramento dos movimentos rudimentares de costas, em função dos seus detalhes e da falta de visão inerente à mecânica do nado, deva ser efetivado com auxílio da prancha, realizado pausada e alternadamente, onde se executa uma braçada e se desliza com ambas as mãos apoiadas na prancha; em seguida, realiza-se a outra braçada, e assim sucessivamente.

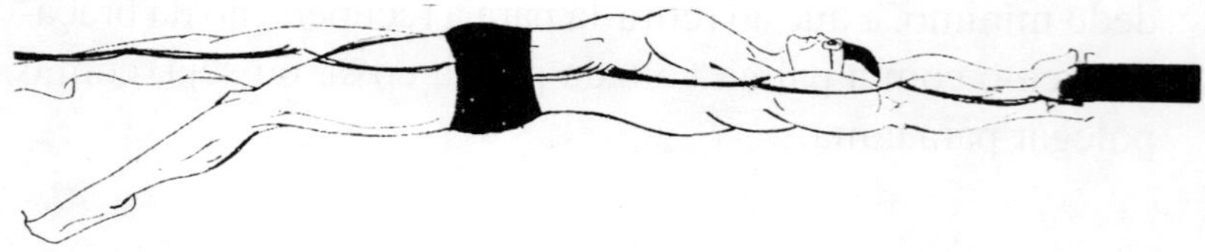

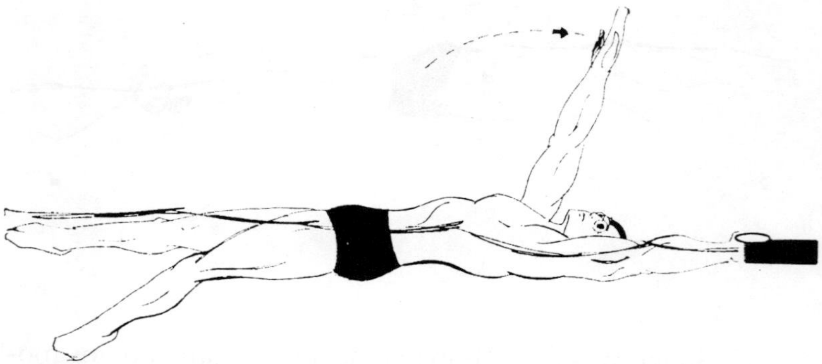

Durante todo esse trabalho, é importante que a cabeça não se mexa, com o nadador fixando o olhar em um ângulo e aí permanecendo.

A seguir, introduziremos as quatro fases da braçada, que são:

**PUXADA**

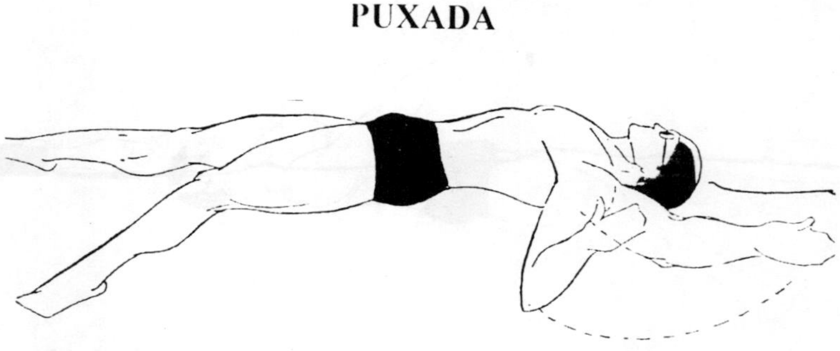

## EMPURRE

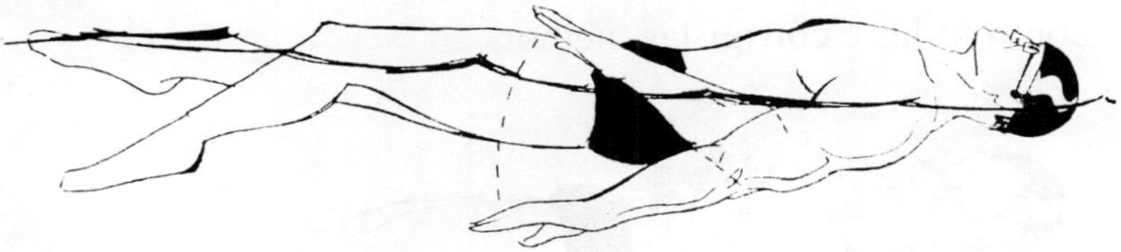

## RECUPERAÇÃO

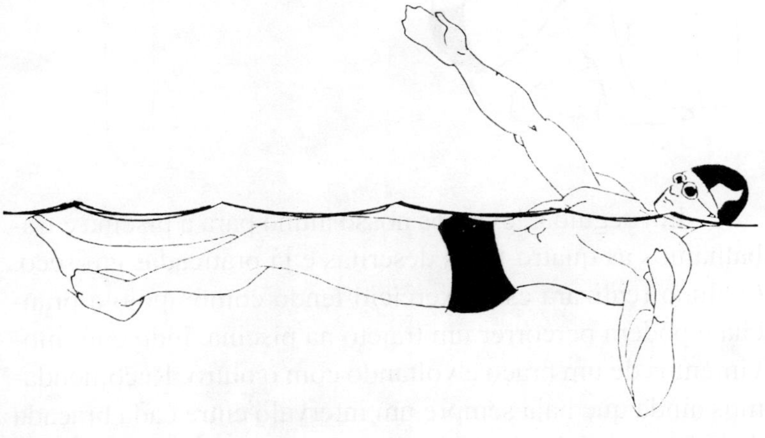

## ATAQUE

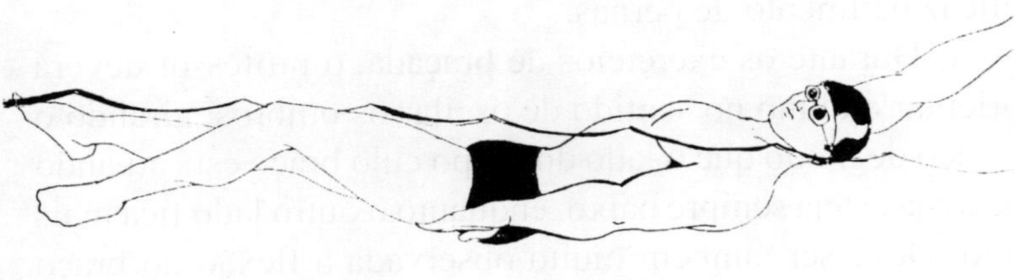

Este trabalho poderá ser explicado e praticado em seco, utilizando-se um banco com a orientação do professor, que deve fazer o aluno sentir e observar essas fases para controlá-las e corrigi-las melhor.

Em seguida, levamos nosso aluno para a piscina e trabalhamos as quatro fases descritas e já praticadas em seco. O aluno realizará esse exercício tendo como apoio a prancha e poderá percorrer um trajeto na piscina, indo com movimentos de um braço e voltando com o outro. Recomendamos ainda que haja sempre um intervalo entre cada braçada de pelo menos dez batimentos de pernas.

Ressaltamos mais uma vez que todo trabalho de braço realizado na água deve ser acompanhado por um vigoroso e eficaz batimento de pernas.

Durante os exercícios de braçada, o professor deverá orientar o aluno no sentido de oscilar os ombros, girando o tronco de modo que o lado do corpo cujo braço está atuando na água esteja sempre baixo, enquanto o outro lado fica mais alto. Deve ser também muito observada a flexão do braço sobre o antebraço, formando a alavanca da puxada, primordial para uma boa aplicação de força.

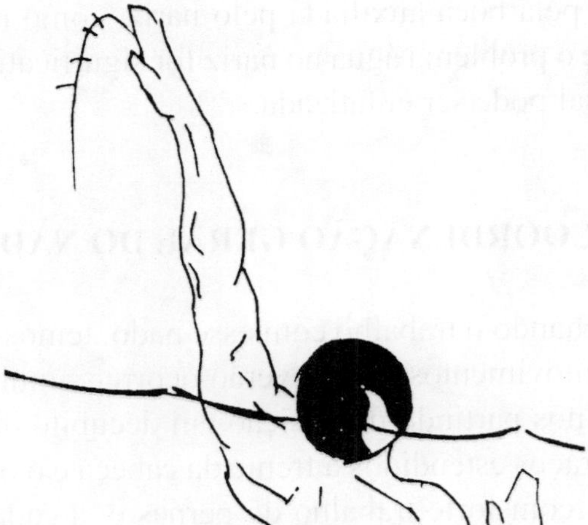

## RESPIRAÇÃO TÉCNICA

Como já foi dito, a respiração do nado Costas é essencialmente "livre", porém existem aqueles que defendem um determinado ritmo entre inspiração e expiração, sugerindo até a coordenação entre os movimentos respiratórios e os de braços, para evitar que os mesmos joguem água sobre o rosto.

Considerando o nível de aspirações técnicas que devemos ter para com um aluno iniciante, sugerimos apenas que se adote, caso seja realmente necessário, a técnica de intervalos em apnéia inspiratória, com duração de duas, três ou até quatro braçadas, apenas e tão somente para aumentarmos a flutuabilidade do aluno.

Quanto à mecânica respiratória, mesmo no Costas, em que toda respiração é aérea, o ar deve ser inalado pela boca e expirado pela boca auxiliada pelo nariz, como nos demais nados. Se o problema água no nariz for significativo, a expiração nasal pode ser enfatizada.

## COORDENAÇÃO GERAL DO NADO

Fechando o trabalho com esse nado, temos a união de todos os movimentos, que deverão ocorrer simultaneamente. Iniciamos partindo da posição em decúbito dorsal, com um dos braços estendidos à frente da cabeça e o outro junto ao corpo, com forte trabalho de pernas e, a cada dez batimentos aproximadamente, alternamos a ação de braços.

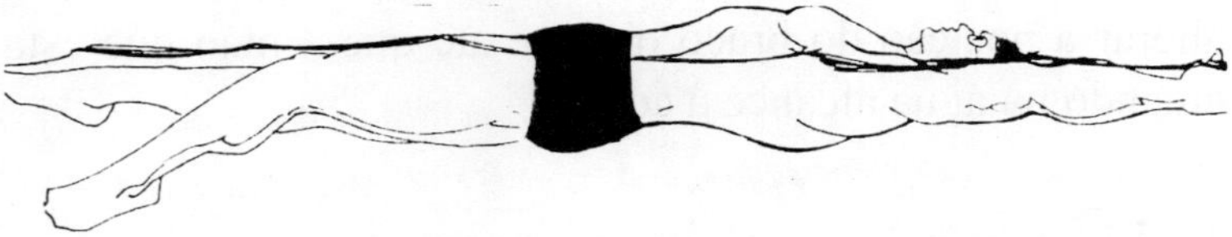

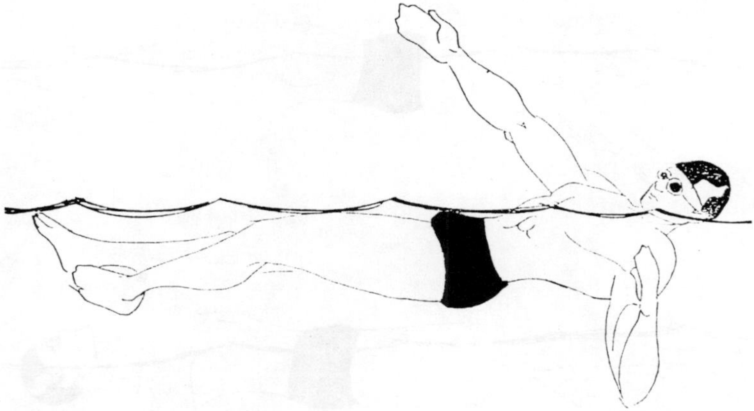

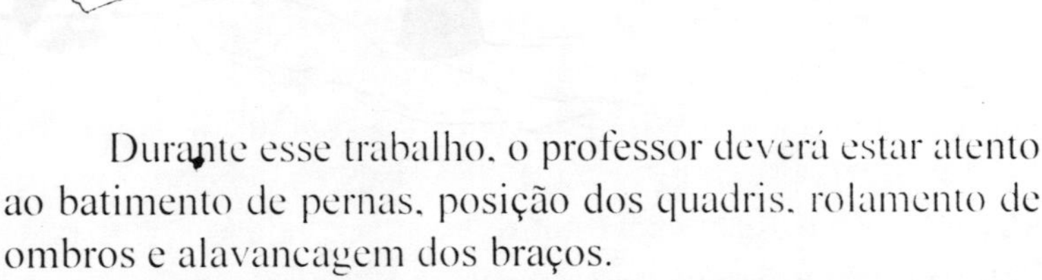

Durante esse trabalho, o professor deverá estar atento ao batimento de pernas, posição dos quadris, rolamento de ombros e alavancagem dos braços.

Assimilado este trabalho dentro das características rudimentares sugeridas, passamos ao movimento com ambos os braços estendidos à frente da cabeça, mãos sobrepostas e a mesma ação propulsiva e posicionamento de corpo do exercício anterior. Quando o corpo já estiver se deslocando, iniciamos uma braçada do lado que o aluno desejar, mas sem alterar a posição do braço oposto, até que a mão que está atuando na água alcance a coxa.

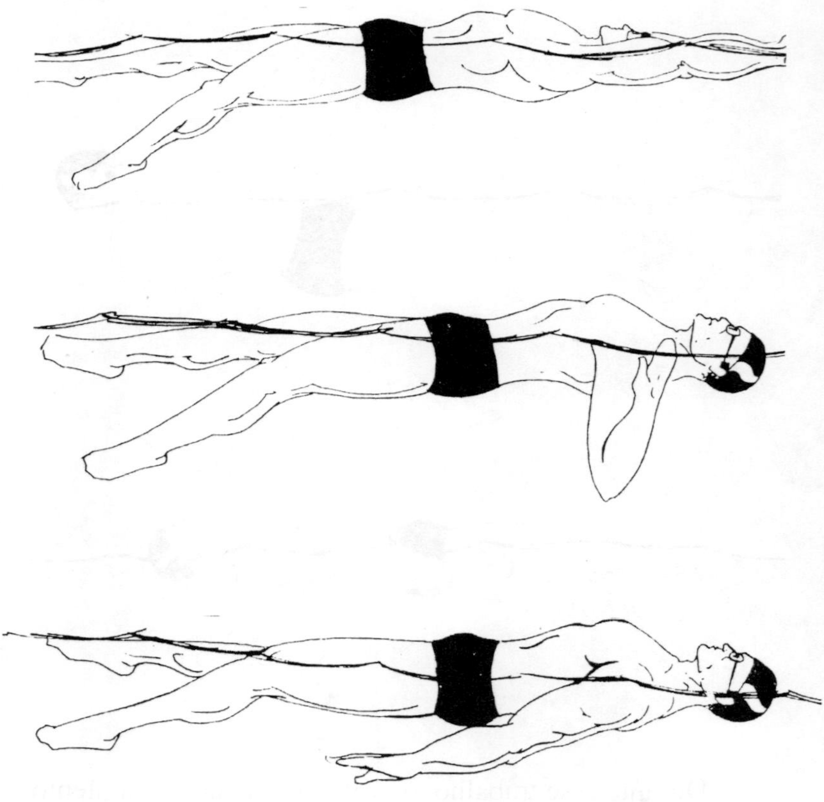

Uma vez alcançada a oposição entre os braços, inicia-se a movimentação alternada, em que o braço estendido à frente da cabeça realiza a fase propulsiva da braçada, enquanto o outro retorna (recupera-se) por cima d'água.

## QUAIS OS ERROS MAIS COMUNS NO ENSINO DO SEGUNDO NADO?

**R.** *1 - entrada da mão na água muito aberta ou muito fechada;*

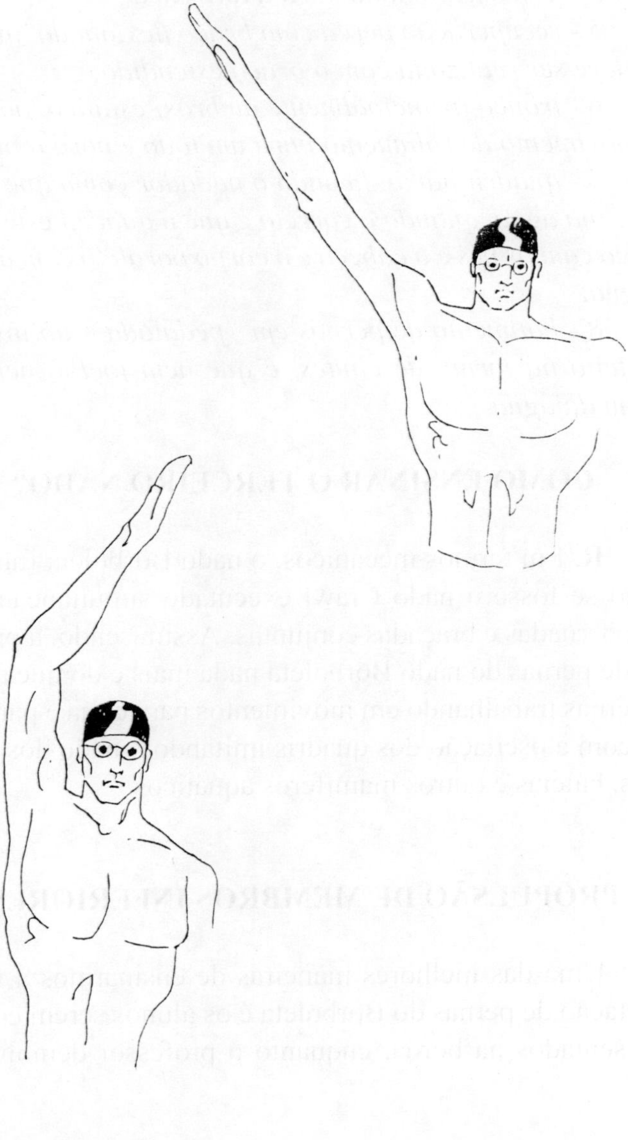

*2 - bater o dorso da mão na água, ao invés de colocá-la de lado, com o dedo mínimo;*

*3 - flexionar o braço na entrada da água, quando ele deve estar estendido;*

*4 - executar a puxada com o braço estendido, quando este deve estar flexionado para a alavanca;*

*5 - recuperação aérea com braço flexionado, quando ela deve ser realizada com o braço estendido;*

*6 - tronco (principalmente ombros) estático, ao invés do movimento de rolamento para um lado e para o outro;*

*7 - quadril baixo, ficando o nadador como que "sentado" na água, quando o correto é que o quadril esteja alinhado com os pés e a cabeça e o corpo paralelo com a linha d'água;*

*8 - batimento de pernas em "pedalada", ao invés de ser feito na forma de chutes, e que nem joelho nem pés saiam da água.*

## COMO ENSINAR O TERCEIRO NADO?

**R.** Em termos mecânicos, o nado Borboleta funciona como se fosse o nado Crawl executado simultaneamente, com pernadas e braçadas conjuntas. Assim sendo, a propulsão de pernas do nado Borboleta nada mais é do que ambas as pernas trabalhando em movimentos para cima e para baixo, com a oscilação dos quadris imitando o nado dos golfinhos, baleias e outros mamíferos aquáticos.

## PROPULSÃO DE MEMBROS INFERIORES

Uma das melhores maneiras de ensinarmos a movimentação de pernas do Borboleta é os alunos serem colocados sentados na borda, enquanto o professor demonstra a pernada, pois a simples imitação do gesto motor, nesse caso, é a estratégia que normalmente se mostra mais eficiente. Tanto isso é verdade que quando, há alguns anos atrás, era exibido o filme "O HOMEM DO FUNDO DO MAR", cuja forma de nadar era igual à dos golfinhos, a explicação da pernada do Borboleta tornou-se muito mais fácil para nós, professores.

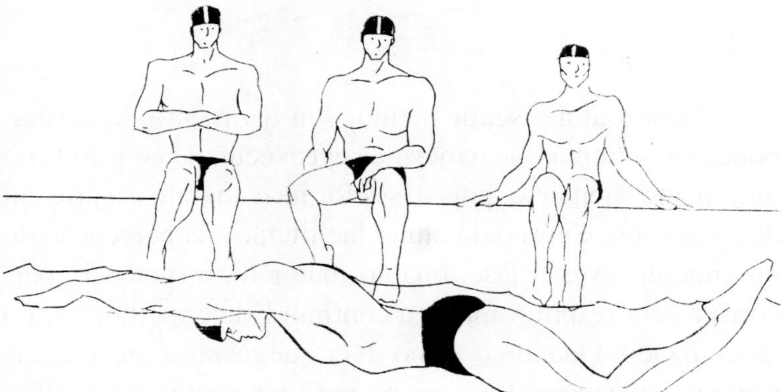

Uma vez demostrado o movimento, solicitamos ao aluno que o imite, mantendo os braços à frente, a cabeça entre os braços, mãos sobrepostas, apnéia inspiratória e olhos abertos sempre.

Deve ser explicado ao aluno que as pernas trabalham para baixo e para cima, subindo estendidas e descendo com semiflexão, pés voltados para dentro, ocorrendo uma extensão na forma de um duplo "chute" para trás e para baixo.

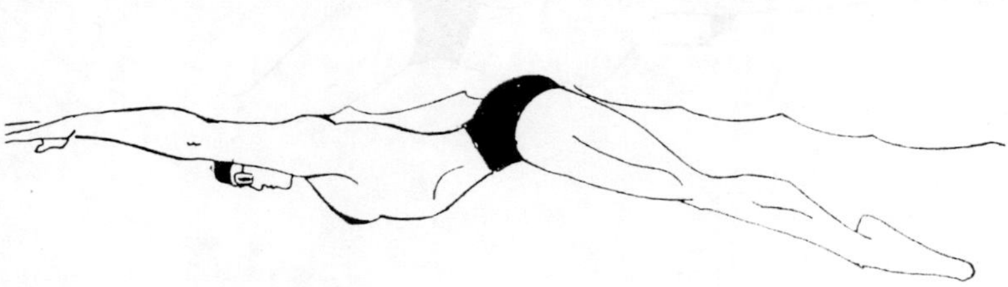

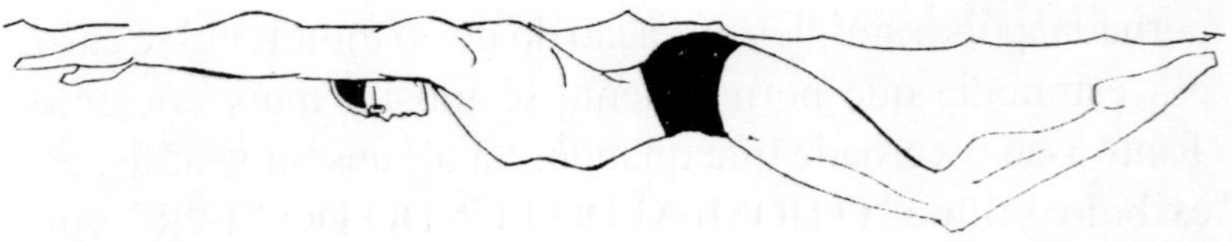

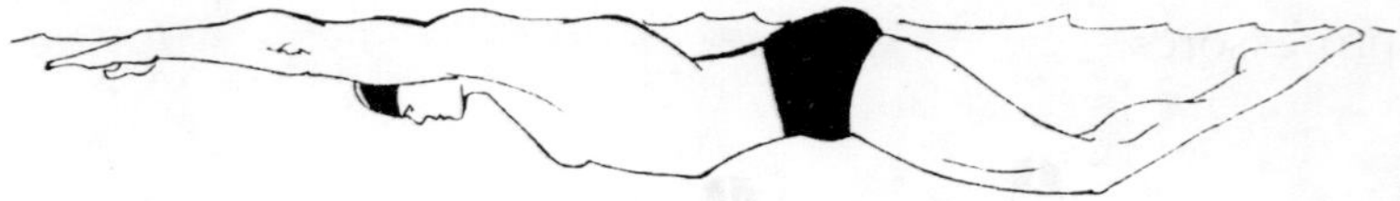

Para o aluno sentir melhor seu batimento de pernas. podemos solicitar que o mesmo seja executado com o corpo totalmente submerso. pois dessa forma o contato e a pressão da água sobre o corpo do aluno facilitarão sua percepção do movimento. Nessa fase. quanto maior for a distância percorrida sem respirar. maior a continuidade e melhor para o aprendizado. Quando o aluno tiver que respirar. deve interromper a execução. ficar em pé. respirar e reiniciar o trabalho em apnéia inspiratória.

Uma vez dominado o movimento satisfatoriamente. passamos a nos utilizar da prancha. para que nosso aluno consiga realizar percursos ainda maiores. sem ter que parar para respirar. Para isso. iniciamos nosso aluno na respiração frontal. que pode ser praticada em intervalos de três ou quatro pernadas.

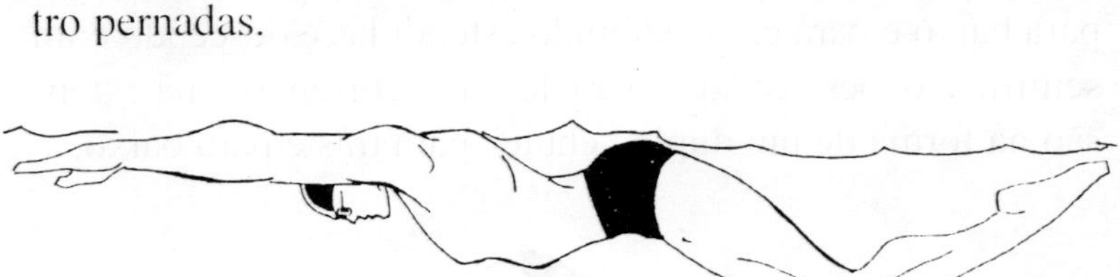

## PROPULSÃO DE MEMBROS SUPERIORES

Quando toda a movimentação de pernas estiver satisfatória, introduzimos a braçada que também nada mais é do que a braçada de Crawl feita com ambos os braços ao mesmo tempo. Sugerimos inicialmente a execução desse movimento em seco, com o tronco flexionado à frente e orientação direta do professor.

Como nosso aluno já passou pelo aprendizado do nado Crawl, podemos desde o início abordar as fases das braçadas, que são idênticas às do primeiro nado. Desta forma, por transferência, conseguiremos economizar tempo, aplicando conhecimentos que o aluno já domina em uma nova situação de aprendizagem.

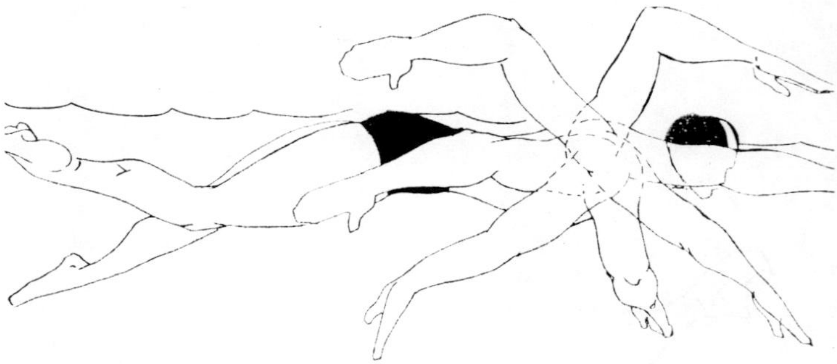

Uma vez vivenciada a movimentação em seco, passamos à atividade na água, onde utilizaremos o recurso da pernada do Crawl, que, além de ser consecutiva e gerar sempre alguma propulsão, já está assimilada e automatizada, facilitando a nossa tarefa de manter o corpo de nosso aluno horizontalizado e com certa propulsão.

Partindo-se, então, da posição em decúbito ventral e corpo totalmente estendido, solicitamos ao aluno que realize o batimento de pernas Crawl e a braçada do Borboleta, com a cabeça dentro d'água, olhos abertos e em apnéia inspiratória. O aluno deve realizar o maior número de braçadas possível, interrompendo o exercício e ficando em pé sempre que precisar respirar.

## RESPIRAÇÃO TÉCNICA

Para que nosso aluno não tenha que parar sempre que tiver que respirar, uma vez dominada a braçada, já temos condições de introduzir a respiração técnica.

Essa respiração deve ser exercitada estaticamente na piscina, observando-se três fases distintas: expiração, inspiração e apnéia. Sugerimos a respiração tipo explosiva, porque a experiência mostra que ela se adapta melhor a esse tipo de nado.

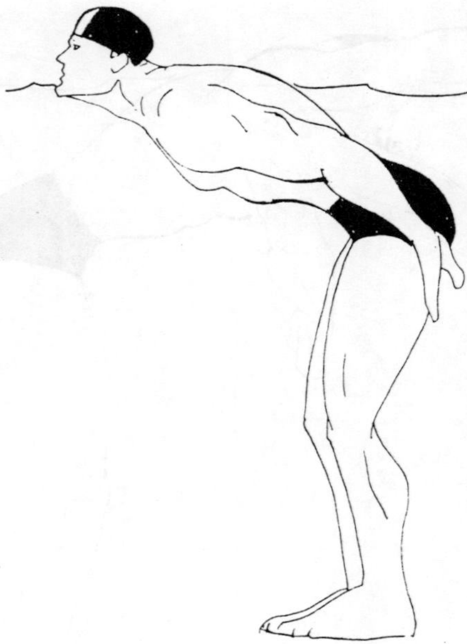

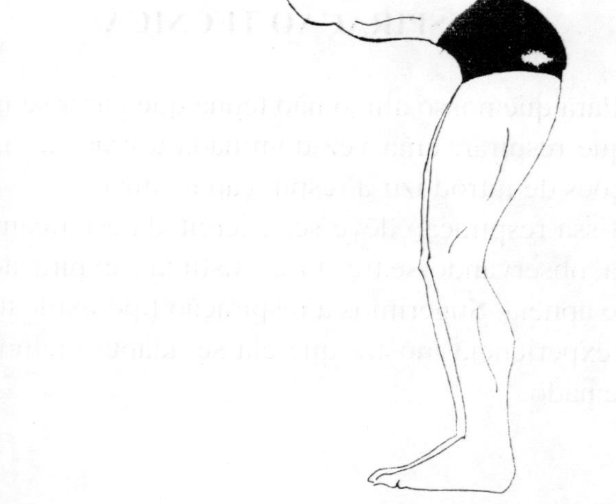

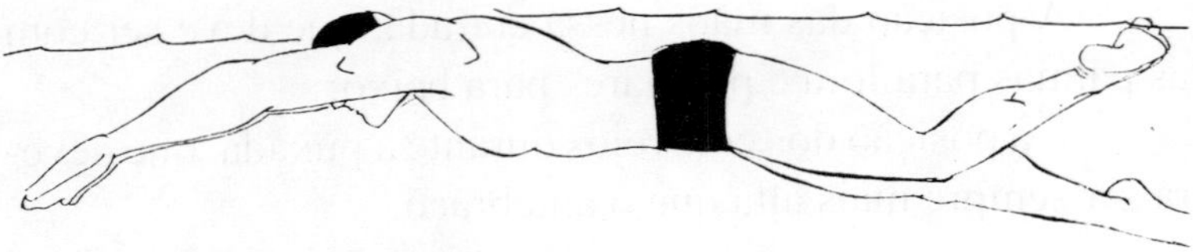

A coordenação da respiração técnica com a braçada do nado Borboleta também é similar à do nado Crawl, em que expiramos pela boca e nariz na fase de puxada e inspiramos no empurre, apenas que agora o movimento de cabeça é frontal, elevando-se o suficiente para livrar a boca, baixando em seguida, enquanto os braços iniciam a recuperação para nova entrada na água.

Uma vez compreendida essa dinâmica, com o mesmo posicionamento anterior, o aluno poderá deslocar-se na água andando e executando a braçada com a respectiva respiração técnica.

O passo seguinte é a continuação do trabalho propulsivo de braços com a pernada de Crawl, só que agora com a respiração técnica frontal, que poderá ocorrer em intervalos de 2, 3 ou 4 ciclos de braçada. Não recomendamos nesse momento a respiração a cada ciclo, devido à grande oscilação vertical que fatalmente irá ocorrer, o que pode prejudicar o trabalho de iniciação. Durante este trabalho, o professor deverá também observar três detalhes importantes da braçada:

A abertura entre os braços na entrada das mãos, que deverá ser igual à largura dos ombros;

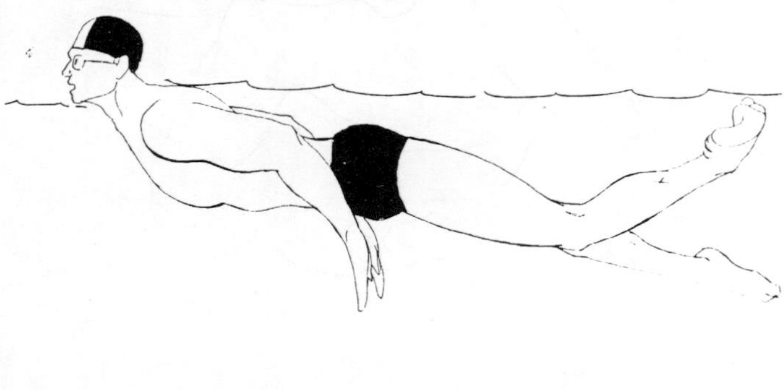

A posição das mãos nessa entrada, que deve ser com as palmas para fora e polegares para baixo:

E a posição dos cotovelos durante a puxada, que deverá ser sempre mais alta que o antebraço.

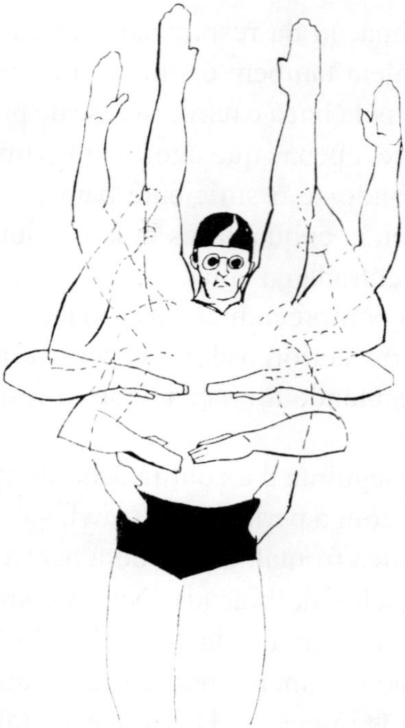

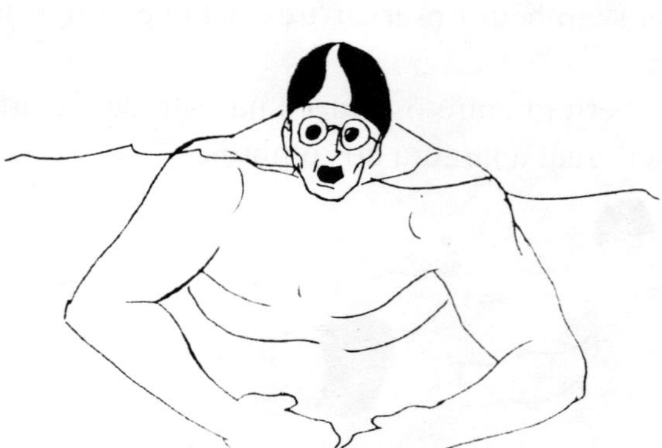

Observados esses detalhes, poderemos abordar a trajetória da braçada dentro da água, que é semelhante a um buraco de fechadura. Para que o aluno entenda e execute este movimento debaixo d'água, poderemos iniciar utilizando uma lousa com o desenho da trajetória correta já feito e pedindo para o nosso aluno que refaça o movimento com giz.

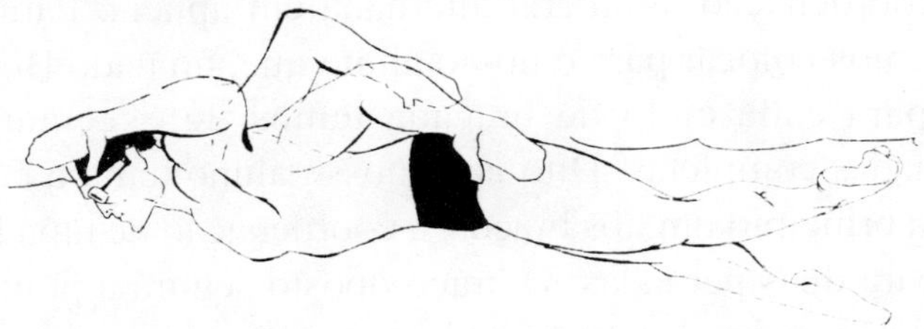

Feito isso, praticamos o nado ainda adaptado, executando uma respiração para cada dois ciclos de braçada, ou seja, braçada respirando e braçada não, juntamente com todo o detalhamento técnico já descrito. Salientamos que, após a braçada submersa, a recuperação dos braços deverá ser feita com a cabeça flexionada para baixo e braços estendidos em trajetória lateral até alcançar novamente o ponto de entrada na água.

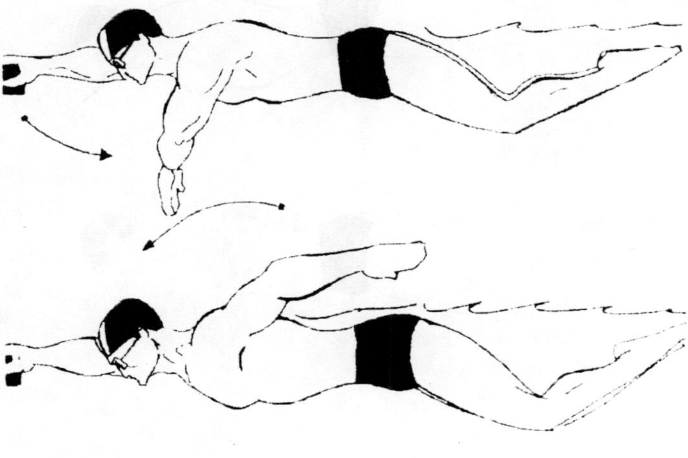

## COORDENAÇÃO GERAL DO NADO

Neste ponto, nosso aluno estará em condições de partir para a articulação de todos esses movimentos, iniciando a fase de coordenação do nado, que poderá acontecer primeiramente com auxílio da prancha. O trabalho será, então, de coordenação unilateral alternada em apnéia. Para tanto devemos colocar para o nosso aluno que, no nado Borboleta, para cada ciclo de braçada temos de executar duas pernadas completas. Dito isso, nosso aluno tentará coordenar a princípio um dos braços, a coordenação de uma braçada para duas pernadas. O braço oposto segura a prancha e, após duas pernadas e a braçada, repete-se toda a ação com o outro braço, até que o aluno tenha que parar e ficar em pé para respirar.

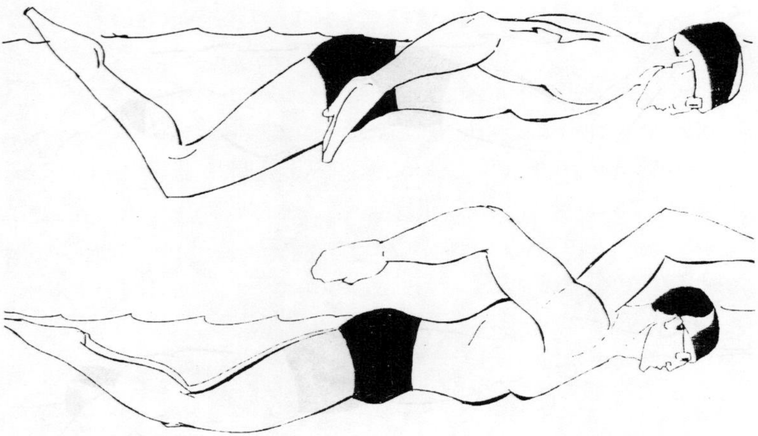

Quando esse exercício estiver dominado, poderá ser feito com a respiração lateral do nado Crawl, que é mais estável neste tipo de trabalho. A seguir, poderemos solicitar o mesmo exercício sem a prancha.

Neste último exercício, o professor deverá estar sempre atento à coordenação braçada-pernada, em que após o término da primeira pernada o braço deverá estar estendido próximo à coxa, e a inspiração lateral já realizada. Inicia-se então a recuperação do braço e o ataque, voltando-se a cabeça para baixo e efetuando a segunda pernada, e assim sucessivamente. Neste trabalho, a respiração pode ser explosiva e unilateral por ciclo de braçada.

O passo seguinte é a coordenação de ambos os braços com a pernada, ainda em apnéia inspiratória. O aluno dá impulso na borda, inicia a puxada armando a pernada, executa o empurre terminando a primeira pernada. Tem então início a recuperação dos braços e a armação da segunda pernada, esta terminando com o ataque das mãos na água e a cabeça baixa, e esta finalizando na segunda pernada. O aluno deverá nadar até a maior distância que conseguir, parando e ficando em pé apenas para respirar.

Estando bem exercitada essa braçada em apnéia, poderemos iniciar a inclusão da respiração técnica, que a princípio pode ocorrer no quarto ciclo de braçada, decrescendo lentamente até alcançarmos o ritmo normal de uma respiração para cada dois ciclos de braçada.

## QUAIS OS ERROS MAIS COMUNS NO ENSINO DO TERCEIRO NADO?

**R.** *1 - Braços muito abertos ou muito fechados para a entrada na água. A largura ideal é a dos ombros;*

*2 - Cotovelo baixo durante a puxada, quando ele deve permanecer sempre alto;*

*3 - Batimento de pernas só com ação de pernas. O movimento deve ser ondulatório, incluindo os quadris;*

*4 - Pés saindo da água, quando devem permanecer sempre submersos;*

*5 - Respiração tardia, ou seja, durante a recuperação dos braços. A inspiração deve terminar com o empurre;*

*6 - Quebra de continuidade. Durante todo o tempo há, no Borboleta, algum tipo de propulsão que deve ser aproveitada. Num primeiro momento ocorrem a braçada e a primeira pernada; num segundo momento ocorre a recuperação, que, não sendo propulsiva, tem o auxílio da segunda pernada.*

## COMO ENSINAR O QUARTO NADO?

**R.** *Já comentamos anteriormente que dentro de todo o processo pedagógico de ensino dos quatro nados, a propulsão de pernas é fundamental, pois ela faz com que o corpo do aluno não apenas se desloque, como também fique equilibrado e horizontalizado na água. Tanto é assim que no nado CRAWL e COSTAS iniciamos o trabalho pela ação de pernas, pois não só se trata de uma movimentação relativamente simples, como absolutamente necessária.*

O nado de Peito possui as mesmas necessidades hidrodinâmicas e propulsivas do que o Crawl e o Costa, o que deveria nos levar a uma atitude semelhante àquela dos nados anteriores. Ocorre porém que neste nado a movimentação de pernas é muito mais complexa que a braçada, e neste caso o princípio pedagógico sintetizado na frase "do simples para o complexo" deve prevalecer e iniciamos o trabalho pela movimentação dos braços.

Como recurso inicial sugerimos a utilização do batimento de pernas do Crawl para o ajuste do corpo na água, pois muito provavelmente a esta altura do aprendizado esse movimento já está automatizado em nosso aluno, dispensando, portanto, maiores cuidados.

## PROPULSÃO DE MEMBROS SUPERIORES

Será então solicitado ao nosso aluno que, batendo as pernas como no nado Crawl e em apnéia inspiratória, realize o trabalho de puxada dupla e simultânea, desenhando uma "lua" ou um "queijo cortado ao meio".

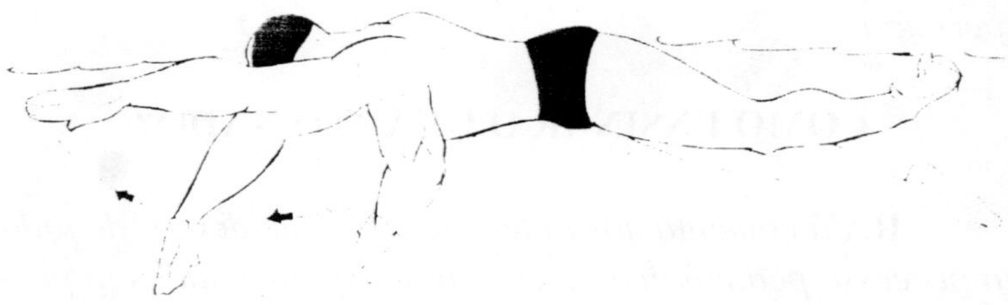

Para que o aluno entenda melhor o movimento solicitado, sugerimos nesta fase inicial o trabalho em seco ou ainda a demonstração prática, ressaltando que agora a braçada acontece ao mesmo tempo com ambos os braços e que eles voltam à frente por dentro d'água (recuperação submersa).

Uma vez que o nosso aluno tenha entendido a movimentação rudimentar dos braços, passamos ao detalhamento do movimento iniciando pela orientação de que primeiro as mãos se separam até atingirem a largura aproximada dos ombros, depois com os cotovelos altos os braços puxam até a altura do peito. Feito isso, as mãos retornam à frente, com giro do antebraço sobre o braço, estendendo novamente os braços na frente do corpo, com a palma das mãos voltadas primeiro para cima, e mais no final retomando a posição inicial de palmas para baixo para nova puxada.

O próximo passo é corrigir o ângulo entre o braço e antebraço, para que a puxada ocorra com a melhor alavanca possível. Observados todos os itens técnicos até agora descritos, podemos analisar a braçada do nado Peito em seu conjunto, subdividindo-a em puxada, recuperação e lançamento.

## RESPIRAÇÃO TÉCNICA

Uma vez dominada a braçada rudimentar, iniciamos o trabalho com a respiração técnica do nado, que dará condições de o nosso aluno nadar praticamente a qualquer distância, praticando e automatizando a braçada com a respiração correta, ainda com a pernada adaptada.

A respiração técnica do nado Peito ocorre expirando-se o ar pela boca e pelo nariz durante a puxada. Ao iniciar-se a recuperação dos braços, elevamos a cabeça frontalmente a ponto de livrarmos a boca para, com ela bem aberta, realizarmos uma inspiração breve, e em seguida voltamos com o rosto para a água com a boca já fechada e estendemos os braços à frente.

A melhor maneira de exercitarmos este trabalho é posicionando nosso aluno dentro da piscina, tronco flexionado à frente, pés apoiados no fundo para a realização do movimento sem deslocamento propulsivo.

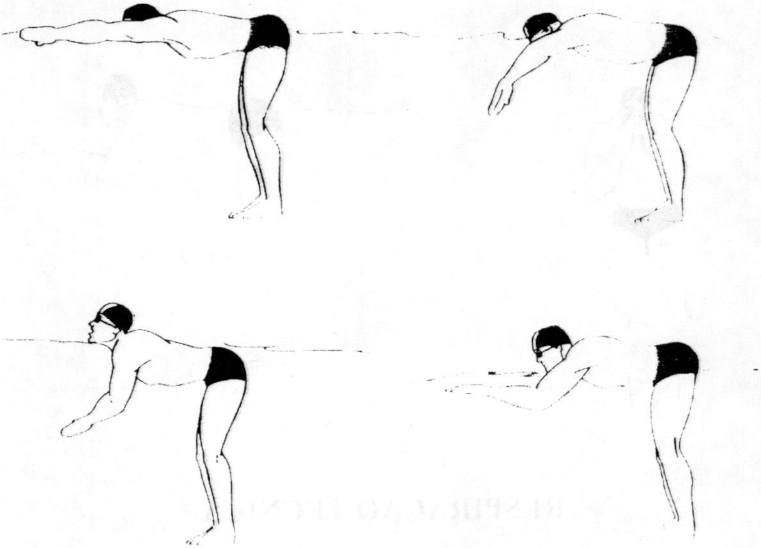

Dominada a coordenação entre a braçada e a respiração técnica, nosso aluno poderá utilizar-se de uma pernada adaptada e percorrer grandes distâncias com este nado (inicialmente adaptado), visando a automatização da coordenação braçada-respiração, inerente ao nado Peito.

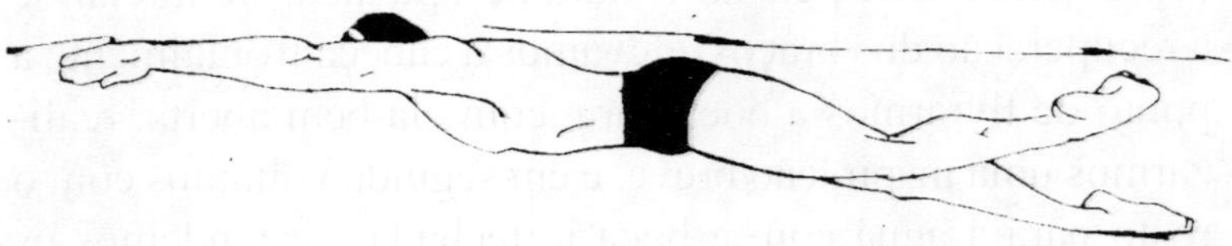

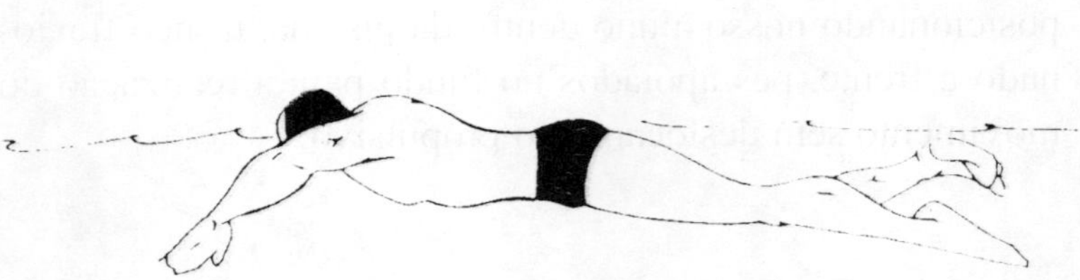

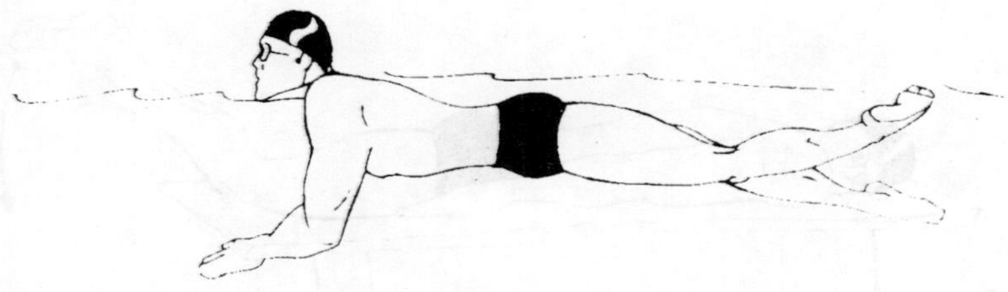

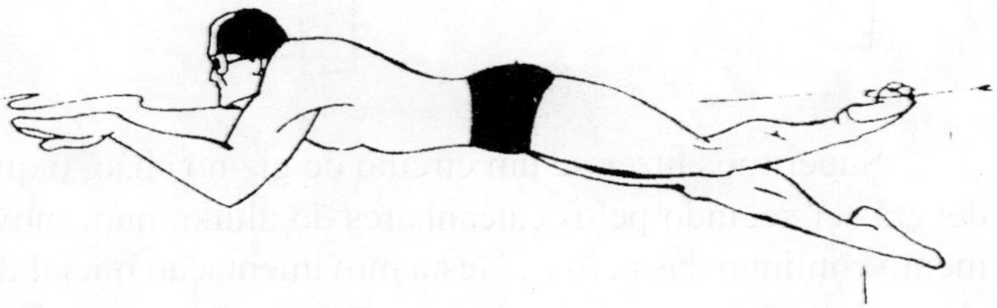

## PROPULSÃO DE MEMBROS INFERIORES

A seguir, passamos a ensinar isoladamente a pernada do nado Peito, que é o seu elemento mais complexo. Para isso, sugerimos que o professor inicialmente entre na água e demonstre o movimento, se possível em decúbito dorsal e ventral, para que os alunos tenham uma visão global de como ocorre esta movimentação na água. Feito isso, podemos iniciar o trabalho de aprendizagem da pernada em seco, no qual o aluno executará a movimentação deitado.

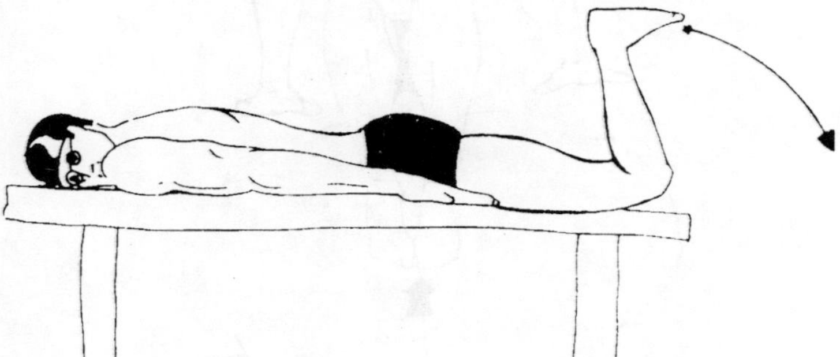

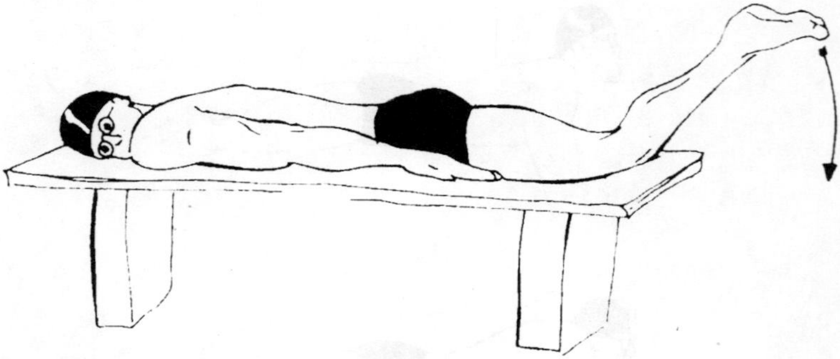

Sugerimos fazer-se um círculo de giz no chão, o qual deverá ser seguido pelos calcanhares do aluno, num movimento contínuo das pernas. Nesta movimentação inicial daremos ênfase à própria movimentação circular das pernas e ao posicionamento relativo coxa-perna, em que os joelhos ficam mais próximos que os calcanhares, numa largura aproximada à dos quadris, e as pernas forçam uma rotação para fora para realizarem o contorno circular.

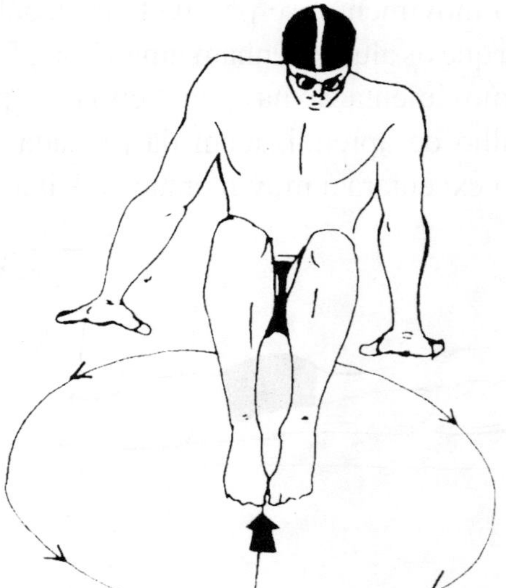

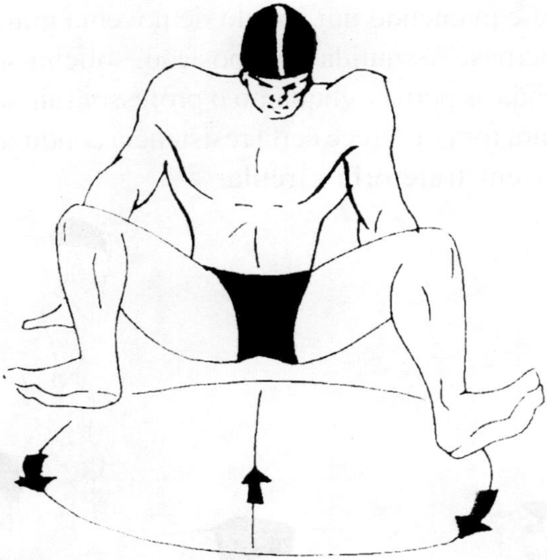

Neste movimento a mobilidade articular será o principal fator limitante da aprendizagem, tanto para os joelhos (na rotação externa da perna), como para os tornozelos (na flexão dorsal dos pés para aumento da área de contato com a água). Assim sendo, essas articulações serão especialmente exigidas nesta pernada, e como a mobilidade articular geralmente é influenciada pelo fator idade, podemos prever que, normalmente, quanto mais idade tiver nosso aluno, maiores serão as suas dificuldades neste item.

Uma vez visualizada e executada a movimentação da pernada de Peito em decúbito dorsal, passamos ao trabalho em decúbito ventral (posição idêntica à do nado), com o auxílio direto do professor no posicionamento e na ação mecânica da pernada.

Neste exercício, o aluno posta-se de barriga para baixo, pernas semiflexionadas para cima e joelhos afastados na largura dos quadris. O professor segura os pés do aluno pela região da cava (arco do pé), tendo o cuidado de forçá-los para fora e mantendo um ângulo de noventa graus em relação às pernas. Assumida essa posição, solicita-se ao aluno que estenda as pernas, enquanto o professor (ainda forçando os pés para fora), oferece certa resistência conduzindo o movimento em trajetória circular.

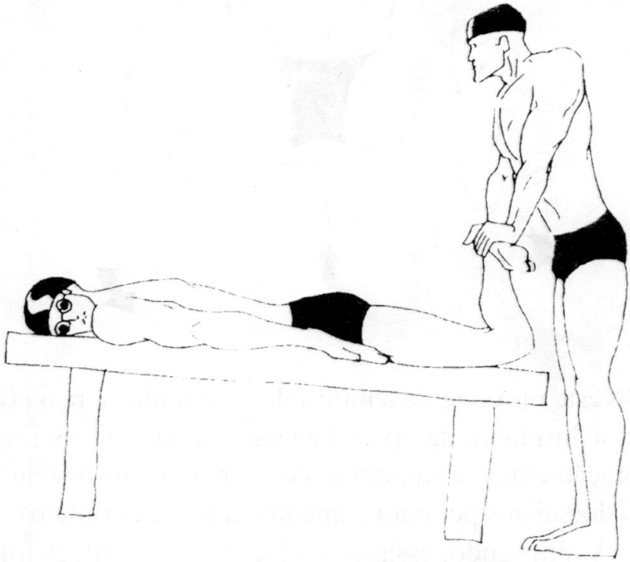

Após várias execuções conduzidas, será solicitado ao aluno que execute sozinho o movimento, concentrando-se basicamente: nos joelhos, pernas, tornozelos e pés.

Vencida essa etapa, já podemos denominar as fases dessa complexa pernada. Ela tem início e término com os membros inferiores unidos e estendidos no que chamamos de fase de deslize.

Flexionamos então a perna sobre a coxa, flexionando ligeiramente a coxa sobre o tronco, viramos os pés para fora mantendo-os em flexão dorsal (ângulo de aproximadamente noventa graus em relação à perna). Essa fase é chamada de *fase de armação* da pernada.

Feito isso damos um chute (ou empurrão) para fora, estendendo as pernas que irão para trás e para baixo, onde a região do tornozelo terá maior contato com a água, tudo isso em trajetória circular. É a (*fase do chute*).

Finalmente unem-se as pernas rapidamente, estendendo-se os pés para novo deslize de outra pernada (*fase de união*).

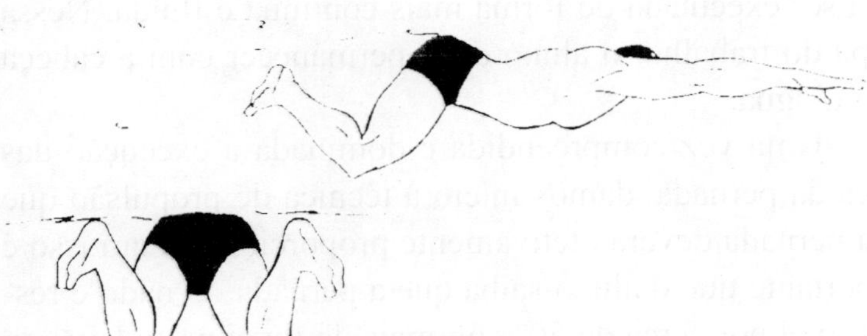

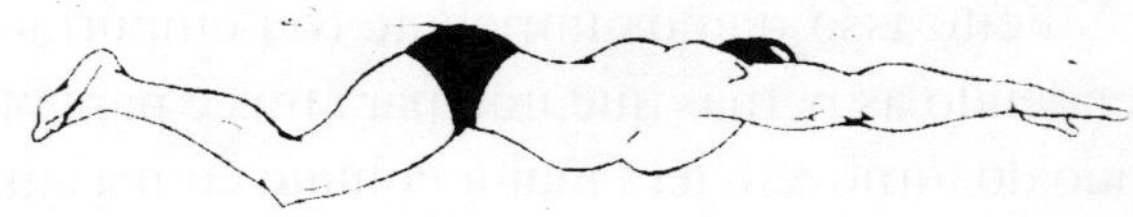

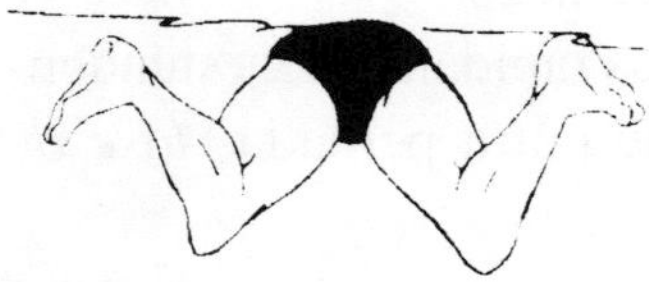

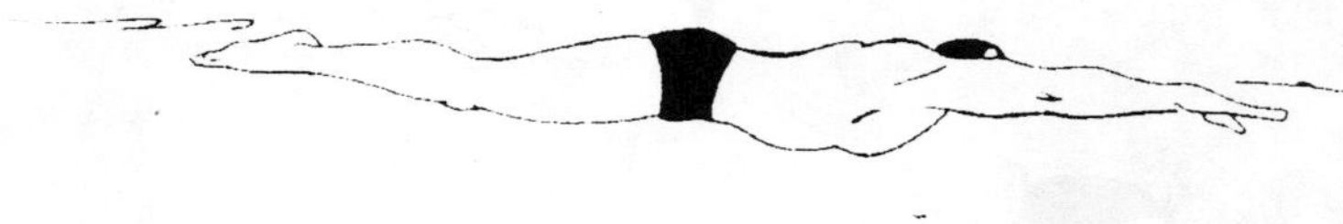

O trabalho acima descrito deve ser feito inicialmente com apoio na borda, marcando-se bem cada uma das fases para uma melhor compreensão do aluno. Após o domínio das fases e ainda com apoio na borda, a movimentação deverá ser executada de forma mais contínua e fluida. Nessa etapa do trabalho, o aluno deve permanecer com a cabeça fora d'água.

Uma vez compreendida e dominada a execução das fases da pernada, damos início à técnica de propulsão que esta pernada deverá efetivamente proporcionar. Para isso é importante que o aluno saiba que a pernada do nado é responsável por cerca de 50% ou mais da força propulsiva do nado e que o principal elemento desta força é o ritmo, pois se a movimentação total da pernada for feita sem a adequada distribuição de velocidades (ritmo), a força resultante da pernada poderá ser zero ou até mesmo negativa.

O ritmo a ser ensinado deve ser primeiramente treinado na borda e em seguida com a ajuda da prancha e com a cabeça dentro da água, utilizando-se respiração frontal em intervalos sugeridos pelo professor, como 2x1, 3x1, 4x1, etc.

Iniciamos solicitando ao aluno que fique apoiado na borda, corpo estendido em decúbito ventral, cabeça dentro ou fora d'água sem elevá-la demais. A partir daí o aluno flexiona lentamente as pernas ainda unidas para, ao término da flexão máxima, girar lentamente os pés para fora armando a pernada e em seguida realizando uma potente (rápida e forte) extensão das pernas afastadas, finalizando com uma forte união das mesmas. Após essa ação deve ser dado um pequeno tempo para o deslize e então reiniciamos nova pernada. Importante salientar que toda essa movimentação de membros inferiores deve ocorrer embaixo d'água.

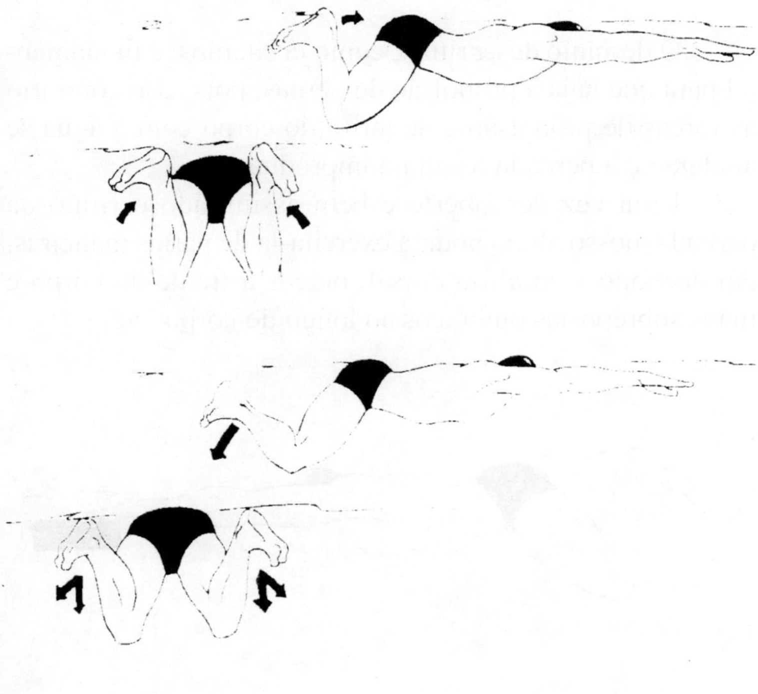

O domínio deste ritmo, como já citamos, é fundamental para que haja a propulsão de pernas, pois caso contrário as forças de propulsão e de atrito do corpo com a água se anularão e a pernada resultará improdutiva.

Uma vez descoberto e bem assimilado o ritmo da pernada, nosso aluno poderá exercitá-la de várias maneiras: em decúbito ventral ou dorsal, braços à frente do corpo e mãos sobrepostas ou braços ao longo do corpo, etc.

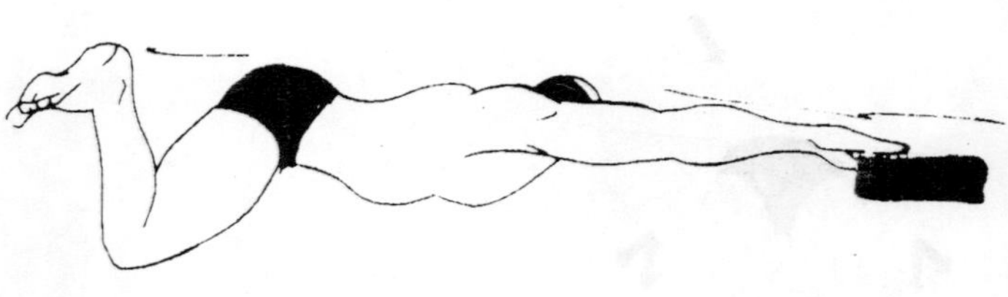

## COORDENAÇÃO GERAL DO NADO

Uma vez dominada, a pernada deverá ser incorporada de maneira rudimentar ao restante dos demais movimentos já assimilados, sendo ela o terceiro e mais complexo elemento a ser incorporado ao NADO para ser praticado conjuntamente com a braçada e a respiração técnica.

Visando apenas a conscientização dos três elementos (pernada, braçada e respiração), sugerimos a princípio um trabalho de coordenação invertido, numa ordem já aprendida nos demais nados.

A ordem de execução desse exercício, sugerida como recurso pedagógico, seria: impulso na borda, pernada, braçada e respiração frontal.

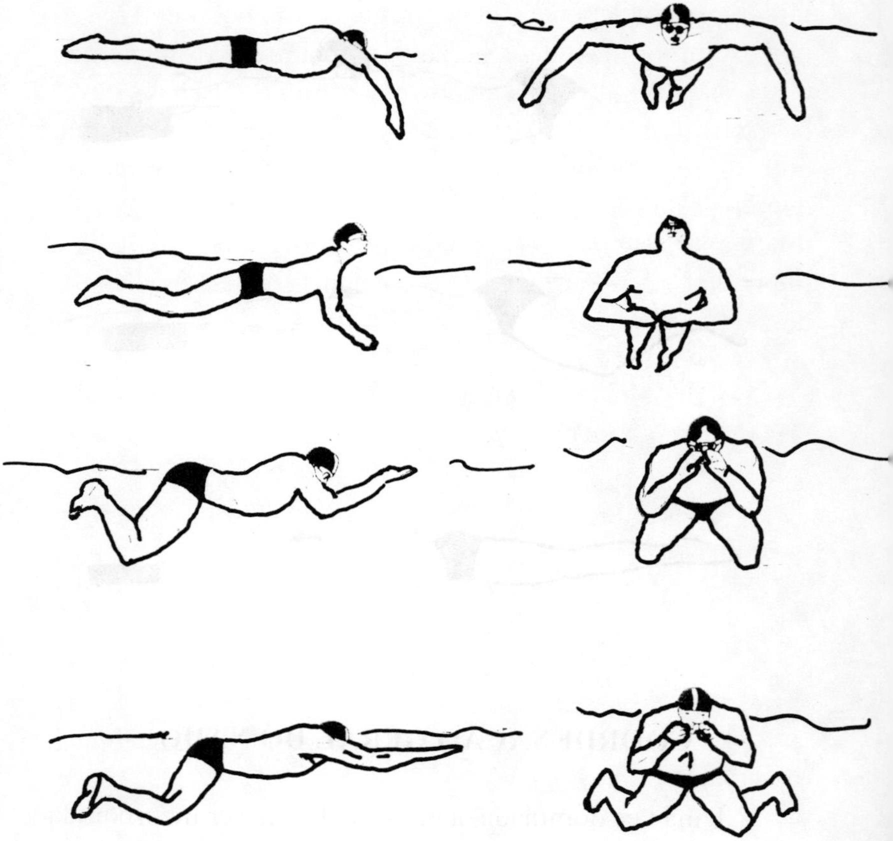

Neste tipo de exercício, o professor observará a eficiência de cada movimento, corrigindo os erros mais grosseiros.

O passo seguinte então é o coroamento de todo o trabalho, no qual o professor irá reverter a ordem dos elementos e ensinar o segundo ritmo, que é o ritmo do nado propriamente dito. A ordem dos movimentos será então: braçada, respiração frontal, pernada e pausa para deslize.

Esta ordem deverá ser sempre respeitada sob pena de haver poucas ou nenhuma propulsão, mesmo que cada movimento isoladamente esteja correto. Isso pode ocorrer se, por exemplo, braçada e pernada coincidirem exatamente. Cada ação propulsiva (seja dos braços ou das pernas), deve ocorrer a seu tempo, sem que haja praticamente nenhuma outra ação conjunta. Após a braçada ocorre a respiração, depois destas a pernada e só então o deslise com o corpo totalmente estendido. Nesse deslize podem ser solicitados intervalos de alguns segundos, primeiramente três, depois dois e finalmente um.

## QUAIS OS ERROS MAIS COMUNS NO ENSINO DO QUARTO NADO?

**R.** *1 — Abrir os braços demasiadamente, além da largura dos ombros;*

*2 — Puxar a braçada além da linha dos ombros ou tórax;*

*3 — Baixar os cotovelos, quando eles devem estar sempre mais altos ou, no mínimo, no mesmo nível da mãos;*

*4 — Joelhos mais abertos que os pés na pernada, quando deve ser o inverso;*

*5 — Flexão exagerada da coxa sobre o tronco. Essa flexão deve ser sutil, ocorrendo apenas para que os pés não saiam da água;*

*6 — Pés que não giram para fora. Quando isso ocorre, a pernada acaba tendo um componente vertical, o que não é permitido pelas regras da natação;*

*7 — Ação simultânea de braços e pernas. Neste erro de coordenação um movimento acaba atrapalhando o outro, quando o correto é que cada um ocorra a seu tempo;*

*8 — Falta de deslize, o que acarreta perda de ritmo.*

## CONCLUINDO:

Tivemos em mente, ao elaborar esta pequena obra, dar aos queridos leitores uma visão prática, bem objetiva, das variáveis que envolvem o processo ensino-aprendizagem e também mostrar as seqüências pedagógicas para que o aprendiz alcance rapidamente o seu objetivo de nadar os quatro nados.

É importante salientar que, como em toda aprendizagem, a natação requer do aprendiz esforço, dedicação e assiduidade para alcançar no menor tempo as metas pré-estabelecidas no processo didático-pedagógico; porém nunca poderemos esquecer que a prática da natação é uma atividade que visa ensinar ao praticante a sobrevivência e o deslocamento dentro de um habitat diferente daquele em que comumente vivemos. Fato este que exige o trabalho de profissionais habilitados e capacitados a atuar tanto no ensinamento como na manutenção da segurança dos alunos praticantes, em qualquer situação que se apresente.